L'Occupation
expliquée à mon petit-fils

Jean-Pierre Azéma

L'Occupation
expliquée à mon petit-fils

Éditions du Seuil
25, bd Romain-Rolland, Paris XIVe

ISBN 978-2-02-104996-1

www.seuil.com

À Philémon

Pourquoi en parler aujourd'hui

L'Occupation est une période de notre histoire nationale qui reste très flou dans l'esprit du public français s'intéressant aux drames de la Seconde Guerre mondiale.

On a pu notamment le constater lorsqu'il avait été question, à la rentrée scolaire de 2007, de lire dans les classes une lettre écrite par le jeune Guy Môquet quelques heures avant son exécution, en 1941. Dans les commentaires approuvant ou contestant la démarche, il était rarement fait référence à l'Occupation. Le drame n'était jamais envisagé comme le fruit des choix de l'occupant, pas plus d'ailleurs qu'on ne signalait le rôle d'un ministre de Vichy dans l'élaboration de la liste des otages. Personne ne semblait se demander pourquoi ce jeune homme avait été désigné : on se contentait de lui attribuer un vague brevet d'héroïsme, dénué de signification historique ou même partisane. Le fait même de fusiller des otages semblait n'avoir besoin d'aucune explication. Et, bien entendu, pas un mot sur le « code des otages » promulgué par les autorités nazies.

Sur cette période, les affirmations discutables reposent souvent sur l'ignorance des réalités. Ainsi entend-on, par exemple, affirmer que de Gaulle, descendant les Champs-Élysées à la Libération, a été acclamé par les mêmes Parisiens qui avaient fêté Pétain venu à Paris, en avril 1944. On se dispense d'analyser le sentiment patriotique d'une foule vivant, en zone nord, depuis quatre ans sous la botte d'un occupant qui avait interdit *La Marseillaise* et le drapeau tricolore. Et au passage, on accrédite l'idée qu'ils croyaient à l'entente entre de Gaulle et Pétain pour la plus grande joie de ceux qui aiment l'entretenir.

Les jugements portés sur l'occupant lui-même ne sont pas toujours aussi caricaturaux que dans les films, séries, et autres spectacles populaires qui, trop souvent, se délectent de l'image de Français malins bernant des soldats allemands ridicules. Mais on s'en tient trop facilement à des idées convenues. Par exemple, c'est de façon systématique que la « sauvagerie » de la « division SS *Das Reich* » est opposée à la « modération » générale du combattant de la Wehrmacht, toujours *Korrect*, surtout quand il s'agit d'un officier : on oublie que les massacres dans le Vercors ont été perpétrés par une division d'élite de la Wehrmacht.

Ou bien encore, inversement, on attribue tous les malheurs de cette période à l'occupant. Chacun sait que les pénuries alimentaires ont été sévères durant ces années, mais on fait comme si toute la production agricole avait été confisquée par les prédateurs allemands, en faisant silence sur l'autoconsommation paysanne et sur les circuits des profiteurs français…

Sur la plupart des aspects de cette période dramatique, sur le régime de Vichy lui-même, sur les collaborationnistes, sur les étapes qui ont conduit à la crédibilité de la Résistance, sur la France libre, sur les rafles et les déportations, on peut dire non seulement que les mémoires ont beaucoup évolué, mais aussi que le public a su assimiler le travail des historiens. Mais sur l'Occupation, l'historien est frustré et perplexe : elle demeure un point aveugle.

Pourtant les logiques et les contraintes de toute occupation s'exercent encore sous nos yeux, ici et là, de par le monde. C'est pourquoi j'ai entrepris d'en analyser méticuleusement les mécanismes, en m'appuyant sur l'expérience de la France dans les années noires, afin de convaincre mon petit-fils et à travers lui tous les adolescents d'aujourd'hui, qu'il est de notre devoir de connaître l'histoire pour mieux exercer notre responsabilité d'hommes et de femmes libres dans le monde d'aujourd'hui.

Ta mère, qui est aussi ma fille, m'a dit que tu avais des questions à me poser après avoir vu une série télévisée montrant ce que pouvait être l'Occupation dans une petite ville du Jura. On y va ?

— *Dis-moi d'abord : l'occupation de la France, a-t-elle été différente de celle d'autres pays occupés par les Allemands ?*

— Oui. Au moins sur deux points. Hitler, le Führer du IIIe Reich, réservait, selon ses conceptions raciales, un sort différent aux populations de l'Europe. Pour lui, les Slaves étaient des « sous-hommes » : en Pologne, dès l'invasion, les massacres ont été immédiats, pour que le peuple allemand dispose de son « espace vital ». Il pensait intégrer à la future « Europe allemande » certaines nations de l'Europe de l'Ouest, par exemple les Pays-Bas peuplés de Flamands. Or, il jugeait que la « valeur raciale » des Français les rendait impossibles à germaniser, mais n'imposait pas de les anéantir. Second point particulier : il décida que la

France vaincue resterait un État souverain, ce qui créait, tu le verras, une situation particulière.

— *Et cette Occupation, elle commence quand ?*

— Dès la campagne de France, en mai-juin 1940. Dans les villes conquises, les responsables militaires rendaient les autorités locales, ou les notables, garants de l'attitude de la population, ce qui en faisait des otages. Il se produisait souvent, à ce stade, en cas de résistance, des pillages et des exécutions, ce que décrit Jean Moulin, alors préfet d'Eure-et-Loir, dans son *Journal*.

— *Et le gouvernement français ? Que faisait-il alors ?*

— Le gouvernement de Paul Reynaud s'était replié à Bordeaux. Hésitant à gagner l'Afrique du Nord, il perdait pied, alors que les vainqueurs étaient entrés dans Paris le 14 juin 1940.

– *Comment s'est passée cette entrée dans Paris ?*

– Paris devenait allemand, avec une occupation organisée dans le détail. À chaque carrefour, des panneaux en lettres gothiques germaniques orientaient les troupes ; sur les monuments, la tour Eiffel, la Chambre des députés, etc., d'immenses oriflammes affichaient dans un cercle blanc sur fond rouge, le symbole nazi : la croix gammée. Avec la parade militaire du 16 juin 1940, tout affirmait la mainmise sur la capitale, au point que Hitler y fit une visite discrète – ce fut la seule – le 27 juin à l'aube.

– *Et les Parisiens ?*

– Ils ont d'abord été consignés chez eux. Les vainqueurs défilèrent donc, comme l'a écrit l'un de leurs chefs, dans « une ville sans visage », contrairement à ce que leur propagande a prétendu en exhibant des photos plus tardives. Puis, les responsables allemands interdisant toute exaction, la population se rassura.

– Pourtant, la France était toujours en guerre ?

– Oui. Le 16 juin, le gouvernement, démissionnaire, cédait la place à Philippe Pétain, nommé président du Conseil. Les Français étaient encore en plein « exode », cette gigantesque fuite devant l'envahisseur. Assommés par la défaite, ils ont, pour la plupart, été soulagés d'entendre ce maréchal de 84 ans, très populaire depuis 1917, leur annoncer à la radio qu'il avait demandé l'armistice. Celui-ci entra en vigueur le 25 juin : les conditions de l'Occupation devenaient officielles.

– Pourquoi Hitler n'a-t-il pas, dans la foulée, occupé toute la France ?

– En signant un armistice, le gouvernement du pays vaincu accepte de renoncer à se défendre par les armes, jusqu'à la signature d'un traité de paix – qui, dans ce cas, n'est jamais venu. Hitler, comptant sur la rupture de l'alliance franco-anglaise, pensait que le maintien d'un État théoriquement souverain et l'existence d'une zone « non occupée » assureraient l'ordre sur les arrières de l'armée allemande, la Wehrmacht, quand elle envahirait les îles Britanniques. Car la Grande-Bretagne, elle, restait en guerre.

— Cela fait donc deux zones. Comment s'est fait ce découpage ?

— À partir de considérations stratégiques, mais aussi économiques. La zone occupée englobait environ 55 % du territoire, soit la partie du pays la plus industrialisée et les terres les plus fertiles. Les deux zones étaient séparées par une « ligne de démarcation » que l'on ne pouvait franchir qu'avec un laissez-passer, un *Ausweis*. L'occupation militaire était limitée au nord de cette ligne. Le gouvernement de Philippe Pétain siégeait à Vichy, les vainqueurs lui ayant refusé de s'installer à Versailles. C'est pourquoi on parle du gouvernement de Vichy, du régime de Vichy.

— C'est une création de l'occupant, ce régime de Vichy ?

— Non. Le maréchal Pétain obtint des parlementaires français, le 10 juillet, que la

Troisième République se saborde. Deux jours plus tard, il instituait l'« État français », placé sous sa seule autorité, afin d'opérer « un redressement moral et intellectuel du pays », pour créer une « Révolution nationale ».

— *Chacune des deux zones obéissait donc à une autorité différente ?*

— Pas du tout. La convention d'armistice laissait subsister la totalité de l'administration française : des préfets, des fonctionnaires, des forces de police, tout cela dépendant officiellement de Vichy au nord comme au sud.

— *Pourquoi « officiellement » ?*

— Parce que parallèlement aux lois françaises, des « ordonnances » allemandes s'imposaient en zone nord. De surcroît, les occupants pouvaient exercer des pressions, puisque, selon l'article 3 de la convention d'armistice, les autorités et les fonctionnaires français devaient « collaborer » (en allemand :

« travailler avec ») avec les autorités d'occupation « d'une manière correcte ».

— *Et Pétain accepta cette sujétion ?*

— Il fit même mieux. Le 24 octobre, il rencontra Hitler dans la petite ville de Montoire. Et, quelques jours plus tard, les Français découvrirent avec stupeur la photo d'une poignée de main échangée entre le Führer et « le vainqueur de Verdun ». Puis, ils l'entendirent annoncer qu'il entrait « dans la voie de la collaboration ».

— *Mais pourquoi ?*

— Ce que les historiens appellent la « collaboration d'État » s'explique au moins par deux raisons : Pétain était persuadé que l'Allemagne gagnerait la guerre, et il espérait — comme l'a bien démontré l'historien américain Robert Paxton — que l'occupant lui laisserait mener à bien la fameuse Révolution nationale, seule capable, selon lui, de redresser la France.

— Ce système d'occupation a-t-il évolué ?

— Oui, avec les différentes phases de la guerre. Deux tournants majeurs : en juin 1941, avec l'opération « Barbarossa », Hitler attaqua l'URSS. À la lutte idéologique contre les démocraties, ce conflit ajoutait la lutte à mort contre le communisme, entraînant en France l'aggravation de la répression. Puis, en novembre 1942, avec l'opération « Torch », les Anglo-Saxons débarquèrent en Afrique du Nord : la Wehrmacht envahit alors la zone sud, puis désarma l'armée d'armistice, échouant à mettre la main sur la flotte, puisque celle-ci se saborda à Toulon.

— Avec l'invasion de la zone sud, que devint la collaboration d'État ?

— Elle ne fonctionna plus qu'au profit du Reich. Vichy avait perdu son dernier atout, son autorité sur plusieurs territoires de l'empire colonial gagnés à la « dissidence », ainsi qu'on appelait à Vichy le ralliement à la France Libre du général de Gaulle. Les Fran-

çais, dans cette guerre devenue « totale »,
cessèrent d'être relativement ménagés.

Et, humiliation supplémentaire pour les
Français : les Italiens, alliés de l'Allemagne,
occupaient dans le même temps la Savoie,
les Alpes et le sud-est de la France, à
l'exception d'Avignon et Marseille que se
réservaient les Allemands.

*– Ah bon ! Les Italiens ont aussi été des
occupants ?*

– Oui, jusqu'à la conclusion, en septembre 1943, d'un armistice entre les Alliés
et le gouvernement italien combattant Mus-
solini. Si la politique italienne fut moins
répressive, voire plus tolérante, en particulier
à l'égard des juifs, que celle des Allemands, la
police secrète fasciste, l'OVRA, a durement
sévi contre les résistants.

*– Revenons au début de l'Occupation.
Comment les Allemands se sont-ils installés ?*

– En zone nord, l'occupation militaire
est placée sous l'autorité du *Militärbefehlshaber in Frankreich* (MBF), le commandement

militaire en France, installé à Paris, à l'hôtel Majestic et à la Chambre des députés. Et l'état-major chargé des questions militaires est doublé par un second état-major, administratif et économique, celui-ci.

Par ailleurs, la *Propaganda-Abteilung* employait entre 1 000 et 2 000 personnes. Dirigée depuis Berlin par Goebbels, ce service de propagande travailla habilement à donner une image rassurante de la mainmise allemande. Par exemple, dans l'hebdomadaire *Signal*, publié dans tous les pays occupés, parurent des photos montrant des Français accueillant avec bienveillance les vainqueurs. Enfin, Himmler, *Reichsführer* de la SS, un corps d'élite qui était la police politique du régime hitlérien et du parti nazi, avait envoyé une équipe à l'origine assez modeste, mais qui ne cessa de s'étoffer, pour surveiller les ennemis du Reich.

— *Et en province ?*
— En zone nord, chaque ville d'une certaine importance avait sa *Kommandantur* avec ses services.

— *Et l'armée, la Wehrmacht ?*

— Il faut distinguer. Il y avait d'abord les forces « d'Occupation » en zone occupée dépendant du MBF, environ 100 000 hommes. On a réquisitionné, pour installer les officiers, de belles maisons, des chambres dans les châteaux et, pour la troupe, des écoles, des lycées. On avait même prévu des lieux de distractions : cabarets, cinémas, maisons closes… distincts pour les officiers et pour la troupe.

Les « forces d'opération », qui elles continuaient la guerre, dépendaient du Haut commandement militaire à Berlin. Leur effectif – à peu près 400 000 soldats – a diminué lorsque plusieurs contingents ont été envoyés sur le front russe, pour remonter ensuite à plus d'un million en prévision du débarquement anglo-saxon.

— *Tous les Français ont-ils été en contact avec des Allemands ?*

— Pas forcément. Même après l'invasion de la zone sud, dans certains villages, on a

pu ne jamais voir, physiquement, l'occupant, qui pourtant n'était jamais très loin et
faisait peser de lourdes contraintes.

— *Lesquelles ?*
— La première tient au découpage du territoire.

— *Tu me l'as déjà dit : la France était partagée
en deux.*
— C'est plus compliqué. Dès l'invasion,
trois départements, directement annexés, sont
considérés comme allemands. En Lorraine : la
Moselle. En Alsace : le Haut-Rhin et le Bas-
Rhin. Ils étaient sous la férule de deux *Gau-
leiter*, qui, ayant expulsé, par dizaines de milliers, ceux qu'ils jugeaient « irrécupérables »,
procédèrent tous deux à la « germanisation »
méthodique de la population. À l'école, la
langue française est interdite ; on attribue aux
enfants des prénoms allemands ; on va jusqu'à
modifier des noms sur les tombes. On interdit
le port du béret, cette « casquette française
assombrissant l'esprit » comme dit l'occupant, etc. Les jeunes gens sont enrôlés dans

un service du travail ; puis on incorpore 100 000 Alsaciens et 30 000 Lorrains, la plupart de force, dans la Wehrmacht : ce sont les « Malgré-nous », dont près de 33 000 disparurent – presque tous sur le front russe, très meurtrier. Vichy protesta, mais si mollement que les Alsaciens-Lorrains se sentirent abandonnés par le gouvernement français.

Sur le territoire occupé, resté français, avait été instaurée, de la Bourgogne à l'embouchure de la Somme, une zone « interdite » : les 600 000 habitants du Nord évacués lors de l'invasion, et, bien évidemment, les juifs, ne pouvaient y revenir. À l'intérieur de cette zone, les deux départements du Nord et du Pas-de-Calais, regroupés dans l'*Oberfeldkommandantur* 670, formaient une « zone rattachée » au *Militärbefehlshaber* de Bruxelles. Le premier *Oberfeldkommandant*, le général Niehoff, se montra particulièrement dur envers la population, qui, elle aussi, eut le sentiment d'être abandonnée. Elle devint très rapidement anglophile.

Quant aux façades maritimes de la zone occupée, sur un périmètre de quelques

kilomètres, la population en fut progressivement expulsée, surtout avec la construction
du « Mur de l'Atlantique », un réseau
d'ouvrages défensifs édifié à partir de 1942
pour interdire « l'invasion de la forteresse
Europe ».

On se demandait s'il existait encore une
nation « France ».

*— Et sur le reste du territoire, pouvait-on, par
exemple, se rendre facilement de Paris à Lyon ?*

— Il fallait franchir, avec un *Ausweis*,
l'insupportable « ligne de démarcation »,
gardée d'un côté par les Allemands, de
l'autre par les Français. Longue de plus de
1 000 km, elle partait du canton de
Genève, passait par Chalon-sur-Saône,
Moulins, suivait en gros le cours de la Loire
pour rejoindre, par Angoulême, le Pays
basque. Ce tracé sinueux avait un objectif
militaire : il permettait de contrôler nœuds
routiers ou ferroviaires.

La ligne coupait aussi en deux 13 départements, voire certaines villes et certains
villages, — comme, dans le Cher, celui de

Saint-Amand-Montrond – et même quelques propriétés agricoles et quelques maisons, compliquant singulièrement, tu t'en doutes, la vie quotidienne des riverains : les *Ausweis* spéciaux n'étaient délivrés qu'au compte-gouttes, par exemple à des médecins.

Le seul courrier autorisé entre les deux zones fut d'abord constitué de cartes prérédigées qui permettaient tout juste de signaler qu'on était en bonne (ou mauvaise) santé en rayant les mentions inutiles. Puis, à partir de l'automne 1940, furent tolérées des cartes postales faciles à contrôler. Enfin, cette ligne fonctionnait comme une barrière douanière, interdisant tout transfert de valeurs, par exemple d'argent, sauf avec l'accord de l'occupant, et donc en fonction de ses intérêts.

– *Certains ont pu, malgré tout, la franchir illégalement ?*

– Oui. Ceux qui voulaient rejoindre les leurs après les grands bouleversements de l'exode, ceux qui essayaient de fuir les dangers de la zone occupée, en particulier les juifs, étrangers ou non, toutes les personnes qui se cachaient, qui cherchaient à sortir de France par le sud, tous ceux-là tentaient leur chance. Pour échapper aux deux polices, l'une allemande, l'autre française, il fallait se fier à des passeurs, dont certains agissaient par solidarité, tandis que d'autres se faisaient chèrement payer. Les récits abondent en péripéties mouvementées. Mais l'aventure pouvait se terminer par la prison ou l'internement, voire plus tragiquement.

— *Est-ce que cela a duré toute la guerre ?*

— Après l'invasion par la Wehrmacht de l'ensemble du territoire, l'occupant supprima, en mars 1943, les *Ausweis* (tout en maintenant un strict contrôle d'identité) et rétablit les communications postales.

Cette ligne de démarcation — qu'un *Feldkommandant* compara fort justement au mors dans la bouche d'un cheval — a empoisonné la vie économique, sociale, familiale et, bien sûr, politique de tout le pays. On comprend qu'elle ait profondément marqué la mémoire des Français.

— Y a-t-il eu, pour les occupés, d'autres contraintes que cette dislocation du territoire ?

Oui. Et elles ont été nombreuses. Des contraintes politiques : outre celles que nous avons déjà vues, l'occupation s'est traduite par toutes sortes de mesures répressives. Des contraintes économiques ont pesé à tous les niveaux : sur les finances de l'État comme des particuliers, sur tous les produits agricoles et industriels. Enfin, on peut même parler de contraintes humaines avec les prélèvements de main-d'œuvre.

En analysant chacun de ces points, il ne faut pas perdre de vue la chronologie. Pour beaucoup de Français, les deux premières années ont pu paraître les plus difficiles : on n'était pas préparé à affronter les humiliations, les privations, la rigueur d'hivers qui se trouvent avoir été très froids. Ensuite, on a pensé avoir passé le pire, et appris à se débrouiller. Mais au fur et à mesure que la Wehrmacht essuyait des revers en Russie, la répression se fit plus rude. Avec la « guerre totale » proclamée par le Reich en février 1943, les plus fragiles, les plus isolés, les plus persécutés devinrent très vulnérables. Les premiers mois de 1944, en particulier, furent très éprouvants.

Mais il faut aussi prendre garde à ne pas tout attribuer à l'action du seul occupant, comme le pensait, c'est vrai, la majorité des occupés, surtout en zone nord. Il faut prendre en compte à la fois le poids de la guerre et la politique du gouvernement de Vichy qui se fit souvent le complice de l'occupant. Reste que c'est bien ce dernier qui était le maître.

– *Commençons par la politique.*

– L'Occupation fut évidemment plus pesante en zone nord, puisque la convention d'armistice autorisait les Allemands à y « exercer tous les droits de la puissance occupante ». Ils en usèrent et abusèrent. Certaines mesures étaient symboliques : ainsi l'interdiction du drapeau tricolore et de *La Marseillaise*. Il était particulièrement humiliant de devoir descendre d'un trottoir pour céder le pas à un Allemand. D'autres contraintes étaient de nature pratique : le couvre-feu, imposé au gré des autorités durant toute la guerre ; les vitres et les réverbères passés au bleu pour que la lumière ne guide pas l'aviation anglo-saxonne, etc. On vivait à l'heure allemande : toutes les pendules, réglées sur celles de Berlin, avaient deux heures d'avance. La mesure fut étendue à la zone sud, donc par le gouvernement de Vichy, en mai 1941, officiellement pour coordonner les horaires de la SNCF.

Certaines mesures politiques étaient préventives : pour éviter la renaissance d'un nationalisme français, les mouvements de jeunesse et les associations d'anciens combattants furent supprimés. Les partis étant − à quelques exceptions près − interdits, seules furent autorisées certaines associations, comme le « groupe Collaboration », qui se présentait comme purement culturel, mais dont le nom affichait clairement la couleur.

− *Le gouvernement de Vichy réagissait-il ?*

− Son autorité (théorique) était bien limitée, surtout en zone nord et même parfois en zone sud. Par exemple, l'occupant, au

nom des « droits de la puissance occupante », pouvait s'opposer à la mise en
œuvre de telle ou telle loi en zone nord :
mais comme Pétain voulait, pour manifester son autorité, qu'il n'y ait qu'un seul
Journal Officiel, des lois et des nominations
étaient de fait censurées sur l'ensemble du
territoire.

Ajoutons que le Reich disposait de véri-
tables otages : les prisonniers de guerre, qui
devaient rester captifs jusqu'à la conclusion
de la paix. Quelque 20 000 prisonniers
noirs, dont la seule vue offensait sans doute
la pureté aryenne, ont été gardés en France.
Les autres, 1 500 000 hommes, avaient été
répartis en Allemagne dans une centaine de
camps : des *Oflags* pour les officiers, des *Sta-
lags* pour les sous-officiers et les hommes de
troupe. Il en restait près d'un million en
1945. Leur absence dans la vie nationale
était très sensible : près de 60 % d'entre eux
étaient mariés, veufs ou divorcés, donc
souvent chargés de famille, et tous avaient
des parents, des amis, des collègues, bref,
des gens qui s'inquiétaient de leur sort.

Ils furent à peu près correctement traités (alors que plus de deux millions de prisonniers soviétiques moururent littéralement de faim).

Pétain affichait une très grande sollicitude à leur égard. Mais moins d'un tiers d'entre eux, les malades, les pères de famille nombreuse, des anciens combattants furent progressivement libérés ou obtinrent un « congé de captivité ». Des « retours » que le Reich monnayait en exigeant des contreparties politiques et économiques.

Si 70 000 d'entre eux réussirent à « se faire la belle » et à rentrer chez eux, 37 000 moururent de maladies ou sous les bombardements anglo-saxons.

— Comment l'occupant imposait-il son pouvoir ?
— À côté de la censure, il y avait des restrictions de circulation, des limitations parfaitement arbitraires de toutes sortes de droits, des mesures de répression. Tout cela se fit, au fil des ans, de plus en plus sévère.

Dans le Reich lui-même, le nazisme avait systématisé violence et terreur policière. Il en usa encore plus énergiquement dans les pays occupés. Sans employer en Europe de l'Ouest les méthodes impitoyables appliquées à l'Est, l'occupant, en France, fut tout sauf *Korrect*, malgré ce qu'affirment encore certains défenseurs de l'armée allemande.

Dès mai-juin 1940, des soldats de la Wehrmacht avaient exécuté des prisonniers, en particulier des centaines de tirailleurs sénégalais, ou des civils, notamment dans le Nord et le Pas-de-Calais : 128 personnes ont ainsi été exécutées à Oignies et Courrières.

Puis, au début de l'Occupation proprement dite, la consigne fut de limiter les brutalités. Hitler estimait devoir ménager un peu la France, encore forte de son empire colonial. Mais la justice militaire allemande condamna tout de même à mort quelque 160 « francs-tireurs », et en exécuta le quart.

— *À quel moment s'aggrava cette répression ?*
— Elle s'est aggravée fortement avec l'invasion de l'URSS, plus encore après les attentats contre les soldats de la Wehr-

macht, en particulier celui qui avait tué un aspirant de marine à Paris le 21 août 1941. La répression visait à assurer la sécurité de l'occupant, mais aussi à dissuader les ennemis, réels ou supposés, du régime nazi : les juifs, les communistes. Elle fut facilitée aussitôt que Vichy accepta de s'engager dans une véritable coopération policière.

– *Comment ? Le gouvernement de Vichy a aidé à sévir contre des Français ?*

– Il était lui-même répressif : sache qu'il a révoqué 35 000 fonctionnaires, condamné 13 500 personnes pour des motifs politiques, procédé à 70 000 internements arbitraires. Dès 1940, il a créé le « Bureau des menées antinationales », chargé de traquer les opposants. Il ne faut donc pas s'étonner de la conclusion des fameux « accords Bousquet-Oberg », des noms du Secrétaire général à la police de l'État français et du chef des autorités SS en France. Ces accords admettaient la possibilité de livrer à l'occupant toute personne soupçonnée d'avoir porté atteinte à la machine de guerre du Reich, formule bien commode parce que très vague.

Si les occupés ne perçurent pas toujours les complicités françaises, qui furent plus ou moins occultées, la violence répressive allemande marqua, elle, leur mémoire, tout particulièrement en zone nord.

— *Comment s'exerçait cette répression ?*

— Elle prit progressivement trois formes : les condamnations par la justice militaire, la désignation d'otages, les déportations.

Dès le début, braver les ordonnances allemandes, par exemple en conservant un fusil de chasse, exposait au peloton d'exécution. Jusqu'en 1944, la justice pénale allemande condamna 2 900 personnes, qui furent le plus souvent exécutées.

Puis le *Militärbefehlshaber in Frankreich* recourut aussi à l'exécution d'otages. Pendant la campagne de France, si quelque 1 500 notables, des maires, des curés, avaient été déclarés responsables du maintien de l'ordre dans leur région, aucun n'avait été exécuté. Mais le 28 septembre 1941, le « code des otages » précisa que ceux-ci seraient pris dans la « famille politique » supposée du coupable reconnu ou simplement présumé. Cela visait les communistes et ceux qu'on déclarait « anarchistes ». Ensuite, on ajouta à la liste les juifs, jugés réputés « ennemis actifs » du Reich. Après l'exécution par des résistants du *Feldkommandant* de Nantes et d'un officier allemand à Bordeaux, l'occupant fusilla 98 otages, dont 27 à Châteaubriant. Puis une centaine de personnes, dont des juifs, arrêtées de façon arbitraire, constituèrent une sorte de réserve d'otages, au fort de Romainville. C'est de là que partirent le plus grand nombre de ceux qui furent exécutés au mont Valérien. Au total, 834 otages ont été fusillés.

– *Qui dirigeait tout cela ?*
– Le contrôle de la répression passa, en 1942, du MBF au chef suprême SS de la police et de la sécurité, Karl Oberg, jugé plus efficace. Les agents de la sécurité du Reich et ceux de la sécurité de la SS (en abrégé la SIPO et le SD) étaient utilisés de

façon conjointe dans une section spécialisée de « lutte contre l'ennemi », unanimement redoutée : c'est ce que les Français nommaient la Gestapo.

Était désormais privilégiée la déportation dans des camps de concentration, presque tous situés dans le Reich. Le 27 mars 1942, un premier convoi quittait la gare du Bourget-Drancy, gagnait le camp de Royallieu, près de Compiègne, puis Auschwitz. Celles et ceux qui étaient déportés pour des raisons qui n'étaient pas raciales furent convoyés ensuite dans des wagons à bestiaux vers les camps, entre autres ceux de Buchenwald, Dachau, Mauthausen, et – pour les femmes – celui de Ravensbrück. Au total 66 900 personnes, dont les deux tiers en 1944, furent ainsi déportées en Allemagne ou en Autriche.

– *Il n'y eut pas de camps de concentration sur le territoire français ?*

– En fait, il y en eut un, celui de Natzweiler-Struthof, situé dans les Vosges à 50 km de Strasbourg, en Alsace donc que les nazis tenaient pour un territoire du grand Reich. Ouvert en 1941, ce fut un camp de concentration particulièrement dur, notamment sous la férule de son troisième commandant, Josef Kramer. On y pratiqua en particulier des expériences « médicales » sur des déportés.

— Qui étaient ces déportés qualifiés de « politiques » ?

— Il y avait quelques condamnés de droit commun ; d'autres, nullement engagés, avaient été pris dans des rafles, étaient en possession d'armes à feu, etc. Mais une grosse moitié avait milité dans la Résistance organisée ; et un cinquième avait commis des actes de « résistance civile », par exemple en portant assistance à ceux que traquait la Gestapo. Les $9/10^e$ étaient des hommes. Les professions libérales et les cadres supérieurs étaient surreprésentés par rapport à la population française.

— J'ai surtout entendu parler de la déportation des juifs…

— C'est la phase ultime de l'extermination des juifs d'Europe, ce que l'on nomme la Shoah. C'est un génocide : les juifs n'ont pas été exterminés parce que pénalement coupables, mais pour la seule raison qu'ils étaient nés juifs. Le nazisme était fondé sur un système double. Un système racial, car il distinguait de prétendues « races » dans l'espèce humaine (qui — je te le rappelle — est une dans sa diversité) ; et raciste, car il classait les groupes ethniques des plus nobles (ceux qu'ils considéraient comme « aryens », en gros les Allemands) aux plus méprisables (les Slaves, les Tziganes), ou aux plus dangereux : les juifs.

— Il voulait donc exterminer la race juive ?

— Oui. Et tu as raison d'employer l'expression « race juive », car les nazis définissaient les juifs comme formant une « race » et non comme des personnes liées à une religion, une culture, des attaches familiales, ce qui peut changer avec le temps, les lieux, etc.

— *Et quand a commencé cette politique systématique ?*

— Les historiens débattent pour savoir si Hitler avait programmé cette extermination avant même son arrivée au pouvoir, ou si c'est avec la guerre qu'il a pris cette sinistre décision. En tout cas, c'est avec les premiers revers de la Wehrmacht en Russie, à l'automne 1941, qu'il s'engage dans la « solution finale », bien décidé à se débarrasser des juifs, tous disposés selon lui, depuis deux mille ans, à poignarder dans le dos la race « aryenne ». En janvier 1942, des responsables nazis, réunis à Wannsee, dans la banlieue de Berlin, mettaient au point les modalités de cette extermination dans l'ouest de l'Europe. En France, tous les services de l'occupant — MBF, ambassade, SS — y participèrent.

— *Les hommes de Vichy partageaient-ils ce projet ?*

— Non, pas exactement. La plupart d'entre eux étaient sans doute xénophobes et antisémites, convaincus que les juifs

— même lorsqu'ils étaient de nationalité française — n'étaient pas de « vrais » Français. C'est ainsi que, jugeant démesurée leur influence politique, sociale et économique, ils promulguèrent en octobre 1940 et juin 1941 un « Statut des Juifs ». Ils firent ainsi des juifs français des citoyens de seconde zone. Ils n'envisageaient pas pour autant une politique exterminatrice. Mais à l'été 1942, prisonniers de l'engrenage de la collaboration d'État, et plus encore poussés par leur xénophobie, ils acceptèrent un troc sinistre : livrer les juifs de nationalité étrangère contre l'engagement (pris par les responsables de la SS, mais de moins en moins tenu) que seraient préservés les juifs français. Et ils ne s'intéressèrent nullement au sort de ceux qu'on déportait. Cette complicité dans la mise en œuvre de la Shoah demeure un crime inexpiable.

— *En France, comment les occupants ont-ils procédé ?*
— Il n'y a pas eu de ghettos qui auraient servi à « parquer » les juifs avant de les

déporter, comme ce fut le cas, par exemple, à Varsovie. Mais dès l'armistice, une ordonnance allemande les obligea à se faire recenser dans toute la zone nord. Dans le département de la Seine, donc Paris et sa proche banlieue, où vivaient environ 170 000 personnes se reconnaissant comme juives, près de 150 000 d'entre elles, dont quelque 65 000 de nationalité étrangère, qui faisaient confiance à la France de Pétain et ne se méfiaient pas, se présentèrent dans les commissariats et les mairies.

Après quoi, l'occupant s'en prit à leurs biens, en les contraignant à les mettre en vente ou à les placer sous la gérance de non-juifs, à l'exception de l'habitation principale. C'est ce qu'on a appelé « l'aryanisation », bientôt relayée et réglementée en juillet 1941 par Vichy. Elle concerna au total 48 000 entreprises commerciales, industrielles et immobilières, dont 31 000 en région parisienne.

Cette population, privée de presque toutes ressources, fut pourtant astreinte, le

15 décembre 1941, à verser collectivement à l'occupant un milliard de francs.

— *À quoi servait ce recensement ?*

— C'est lui qui a permis les rafles. Dès l'année 1941, il y en eut trois, ordonnées par le MBF, et utilisant les services de la police française. Elles visaient en principe les juifs de nationalité étrangère ou classés « apatrides », depuis l'annexion de leur pays par le Reich. En mai, 3 600 d'entre eux furent convoqués, transférés dans des camps d'internement du Loiret, puis à Drancy. En août, environ 4 200 juifs furent arrêtés, surtout dans le XIe arrondissement, et pour la plupart conduits à Drancy. Le 12 décembre 1941, gendarmes allemands et policiers SS, assistés de policiers français, arrêtèrent à leur domicile comme « victimes expiatoires » 743 « notables » juifs de nationalité française pour les conduire au camp de Royallieu. Au début de 1942, l'occupant disposait de quelque 8 000 juifs internés sous son contrôle : les déportations pouvaient commencer.

– *Et la rafle du Vél' d'Hiv ? C'est la grand-mère d'un copain qui m'en a parlé : elle est la seule de sa famille à y avoir échappé.*

– Avec cette rafle, les 16 et 17 juillet 1942, ont été arrêtées dans la région parisienne 12 884 personnes, en principe des juifs de nationalité étrangère, dont 5 802 femmes restées chez elles et n'imaginant pas être menacées, et 4 051 enfants de plus de 2 ans. Les célibataires et les couples sans enfants de moins de 16 ans furent conduits à Drancy. Les autres furent parqués – il n'y a pas d'autres termes – au Vélodrome d'Hiver, aujourd'hui disparu. Les malheureux y connurent entre trois et six jours d'enfer, dans l'angoisse, la chaleur, le manque d'eau, d'hygiène, de soins médicaux, avant leur transfert dans les camps du Loiret (Pithiviers et Beaune-la-Rolande), puis celui de Drancy.

Ces rafles s'étendirent à toute la zone nord.

— Il n'y eut donc pas de rafles dans la zone non occupée ?

— Si. En août, des gendarmes français livrèrent quelque 4 700 juifs de camps d'internement français et arrêtés dans des centres regroupant des travailleurs étrangers ; ils en arrêtèrent 6 000 autres au cours de rafles diverses. Tous furent dirigés sur Drancy.

— Pourquoi des gendarmes français ?

— Je t'ai déjà parlé des accords Bousquet-Oberg. Oberg avait estimé que l'intervention des forces de police françaises faciliterait les arrestations, en zone nord comme en zone sud ; en échange, il avait accordé un peu plus d'autonomie à la police française. Le gouvernement de Vichy, lui, pouvait se vanter de rester maître du sort des juifs français — ce qui n'était que partiellement exact —, tout en se débarrassant, sans état d'âme, des étrangers.

— Y compris les enfants ?

— Oui, les enfants aussi. En zone nord, les enfants arrêtés ne furent pas déportés en même temps que leurs parents. Mais Laval, devenu chef du gouvernement de Vichy, déclara qu'il se désintéressait de leur sort et proposa que ceux qui seraient arrêtés en zone sud soient emmenés avec leurs parents, sous prétexte de ne pas les en séparer. Presque tous les enfants ont été assassinés dès leur arrivée dans les camps d'extermination.

— *Les rafles ont-elles continué ?*

— Oui. À Drancy, une ancienne caserne au nord-est de Paris, qui avait d'abord servi à emprisonner les communistes, puis certains prisonniers britanniques, devint un camp de transit avant déportation, gardé par des gendarmes et administré par la préfecture de police française jusqu'à ce que, en août 1943, la SS en prenne le contrôle. La grande majorité des convois, partis de la gare du Bourget-Drancy, arrivèrent au camp de Auschwitz II-Birkenau, dans le sud de la Pologne. L'année 1942 fut dans ce domaine la plus tragique : 43 convois transportèrent 42 000 juifs, dont plus de 6 000 enfants.

Après l'été 1943, faute de disposer de suffisamment de policiers français, les rafles s'espacèrent, relayées par des traques individuelles.

— *Combien y a-t-il eu de déportés « raciaux » partis de France ?*
— Au total, furent déportés de France, en 77 convois, 76 000 juifs, dont plus d'un quart étaient de nationalité française. À peine 2 500 ont survécu.

— *Les Français ont-ils réagi à ces rafles et à ces déportations ?*
— Oui et non. Jusqu'en 1942, ce qui domina, ce fut l'indifférence. Le sort des prisonniers semblait à la population plus préoccupant que celui des juifs, surtout lorsque ceux-ci étaient étrangers. Mais le port de l'étoile jaune, rendu obligatoire par l'occupant en zone nord, puis les rafles de l'été 1942 provoquèrent un sursaut d'indignation et même, en zone sud, des protestations publiques, venues notamment des milieux chrétiens, à la fois protestants et catholiques. Certains mirent au point des

filières pour cacher les enfants, par exemple à Chambon-sur-Lignon, un village de tradition protestante en Haute-Loire. On estime qu'au moins 25 000 juifs ont pu être ainsi sauvés. Mais ces réactions restèrent limitées : la singularité et l'horreur de ce que les nazis appelaient « la solution finale » échappèrent au plus grand nombre.

Il faut même dire que les 2 500 juifs survivants des camps, comme d'ailleurs certains déportés politiques, ont gardé un très mauvais souvenir de la façon dont ils ont été accueillis à leur retour en 1945. Avec une incompréhension totale, ont-ils dit, certains leur rétorquèrent même qu'en France aussi la vie avait été très dure, que le café était imbuvable, le tabac introuvable, que l'occupant emportait tout, etc.

— *C'est minable. Comment ont-ils pu réagir ainsi ? D'ailleurs, avaient-ils souffert à ce point de la pénurie ?*

— Elle a beaucoup pesé, sans que cela justifie cette réaction, stupéfiante pour nous, aujourd'hui.

Après t'avoir parlé des retombées politiques de l'Occupation, je voudrais d'ailleurs aborder ces contraintes économiques, avant tout ces prélèvements qui avaient tant frappé l'opinion.

Il n'est pas exagéré de dire que la France a été, pour le Reich en guerre, la meilleure des vaches à lait. Dans les premiers mois qui suivirent la conquête, ce fut le pillage, en particulier le vol d'objets précieux : mobilier, tapisseries, et surtout tableaux de maîtres. Un « service Rosenberg » repérait les œuvres remarquables, notamment les collections de peintures d'amateurs juifs. Des convois spéciaux emportèrent ce butin en Allemagne : entre avril 1941 et juillet 1943, 4 174 caisses remplirent 138 wagons ! *L'Astronome* de Vermeer fut offert à Hitler, et les dignitaires du régime nazi se servirent largement. Goering, le maître de la Luftwaffe, vint une vingtaine de fois en France pour choisir des œuvres d'exception, dont *Le Garçon au béret rouge* de Rembrandt pour n'en citer qu'une.

— *Gratos ?*

— Pour les pillages, par définition, oui. Mais il y eut aussi la pratique des « emprunts » jamais restitués…

— *Mais pour le reste ?*

— Cette exploitation était réglementée. La majeure partie de ce qui fut prélevé fut payée, mais en fait… par les Français eux-mêmes. La convention d'armistice stipulait : « Les frais d'entretien des troupes d'occupation sur le territoire français incombent au gouvernement français. » Or, le montant de ces frais n'ayant pas été précisé, il fut fixé – à un prix très élevé – en Reichsmark, monnaie surévaluée par rapport au franc. La somme exigée varia en fonction des besoins du Reich et de la docilité politique de Vichy. À compter de l'été 1940, l'administration française du Trésor dut verser, sur un compte spécial qui servait à l'occupant à régler la plus grande part de ses achats, 400 millions de francs par jour ! Entre janvier et décembre 1941, la somme fut abaissée à 300 millions, avant de remonter à 500 millions en décembre 1942, sous prétexte que l'invasion de la zone sud entraînait pour la Wehrmacht des frais supplémentaires !

Les rentrées budgétaires de l'État français ne lui permettaient pas de verser pareil tribut : la Banque de France dut à vingt-trois reprises lui faire des avances, ce qui provoquait la hausse des prix.

— *Peut-on dire ce que cela représenterait aujourd'hui ?*

— C'est bien difficile. Sur le papier, 1 000 francs de 1942 correspondaient en 2007 à une valeur de 206 € ; tu peux retenir, pour comparer, que le salaire mensuel d'une secrétaire était, en 1942, de 900 francs. Le montant global des versements effectués a été évalué par le principal négociateur allemand à 31 milliards de Reichsmark, soit 631 milliards de francs. Or, une commission française a calculé que l'entretien normal de ces troupes d'occupation aurait dû coûter 75 milliards de francs, donc 500 milliards de moins. Si l'on ajoute les frais de cantonnement des troupes, le déficit dans le change entre les deux monnaies et le prix des réquisitions non remboursées, on estime que l'occupant s'est attribué plus de 850 milliards de francs de l'époque…

— *Eh bien, il ne s'ennuyait pas ! À quoi a-t-il utilisé autant d'argent ?*

— Évidemment, d'abord à acheter de quoi faire la guerre. L'industrie française, la plus performante de toute l'Europe occupée, a très vite été orientée vers l'alimentation de la machine de guerre du Reich. Au bout d'un an, les usines d'armement passaient directement des commandes aux entreprises françaises, surtout en zone nord. En même temps, le Reich ponctionnait largement les ressources énergétiques et les matières premières : 29 % de la houille, 50 % de la bauxite, 74 % du minerai de fer. Il contrôlait 50 % de la production sidérurgique, 75 % de celle d'aluminium, la totalité de celle du ciment. Partirent directement en Allemagne 92 % des camions fabriqués en

France, la totalité des avions ; la SNCF, elle, perdit 30 % de ses locomotives. Ajoutons que la France livra 40 % des vêtements d'hiver indispensables sur le front russe. Au total, en 1944, selon les statistiques allemandes, la moitié des 7 millions de salariés français travaillaient soit directement, soit indirectement pour le Reich. Avec une moyenne de 40 % de toutes les livraisons issues de l'Europe occupée, la France était en tête des pays fournisseurs. Sans que Vichy y fît vraiment obstacle.

— *Et tout cela, c'était payé ?*

— Certes, mais… avec l'argent du tribut versé par les Français.

— *Le Reich n'a-t-il acheté que ce qui servait à la guerre ?*

— Mais non ! Tout ce dont avait besoin la population allemande était acheté en France par l'intermédiaire de « bureaux », dont le plus connu et le plus entreprenant (après guerre, on a évalué son chiffre d'affaires à 37 milliards de francs !) fut le « bureau Otto », employant plus de 400 personnes et dirigé par un membre de l'Abwehr, le service de contre-espionnage. La technique était simple : acheter tout — ou presque — à des prix nettement supérieurs à ceux du marché.

— *C'était donc intéressant pour les vendeurs français ?*

— Certainement. Mais ceux qui s'enrichissaient grassement, c'était surtout des intermédiaires qui rabattaient les marchandises. On raflait ainsi, légalement, des métaux, des pièces de grosse métallurgie, du cuir, beaucoup de cuir, mais tout aussi bien des pipes, des stylos, des cartes à jouer, des poêles à frire, etc. Et en quantité : entre juillet 1942 et juillet 1943, pas moins de 5 197 wagons bien remplis quittèrent les docks de Saint-Ouen en direction de l'Allemagne. Si ce trafic diminua, il ne fut jamais complètement interrompu.

— *Et la production agricole ?*

— À chaque récolte, les troupes se servaient, ce qui, dans les campagnes, valut aux prédateurs, à côté des sobriquets usuels (« boches », « frisés », du prénom Fritz, d'où « Fridolins », etc.), le surnom de « doryphores ».

— *Ce qui signifie ?*

— C'est le nom d'un insecte qui ravage les pommes de terre et dont la couleur verte évoquait les uniformes allemands. Depuis 1941, on rendait les occupants responsables de la pénurie alimentaire. C'était partiellement inexact puisqu'ils n'ont pris que — si j'ose dire — 13 % de la récolte de blé, 21 % de la viande de boucherie, 20 % de la production de beurre. Mais les paysans avaient d'autres motifs de mécontentement : entre autres la réquisition des chevaux, leur outil de travail (360 000 pour la seule année 1941).

— *Les Français durent donc se serrer la ceinture ?*

— Oui. Ce fut un temps de vaches très, très maigres, comme d'ailleurs dans les autres pays occupés. On a manqué de tout, et cette pénurie a beaucoup marqué les esprits. Même après la Libération, ma grand-mère non seulement n'aurait jamais jeté une miette de pain – cela va sans dire –, mais elle continuait à mettre de côté les bouts de ficelle, comme tous ceux qui avaient connu le temps où la ficelle était quasiment introuvable !

– *À quoi tenait la pénurie, si tout ne s'explique pas par les prélèvements de l'occupant ?*

– La production atteignait à peine le tiers de celle d'avant guerre, et cela pour toutes sortes de raisons. Matières premières et ressources énergétiques étaient en quantité insuffisantes. Les échanges étaient perturbés. Le blocus, établi par les Britanniques pour empêcher l'approvisionnement de l'Allemagne, tarissait l'arrivée des produits de l'empire colonial français (arachide, café, etc.). Par ailleurs, comme le tiers des prisonniers de guerre étaient des agriculteurs, les campagnes manquaient de bras. Sans compter que les paysans, furieux d'avoir à respecter les prix imposés par Vichy, gardaient leurs produits pour eux, avec de bonnes raisons du genre : « encore une chose que les Boches n'auront pas ». Cette autoconsommation, déjà traditionnelle avant guerre, a été multipliée par deux : on estime à 250 000 tonnes de viande l'abattage familial, et la même quantité est abattue clandestinement. Un fermier beauceron reconnaîtra plus tard, dans un livre d'interview, qu'il avait « engraissé » durant cette période. Alors que dans l'ensemble, un Français sur deux a eu faim, et même très faim.

— *Que faisait l'État pour gérer cette pénurie ?*
— À compter de septembre 1940, il organise le rationnement : chacun est muni de cartes dont il peut détacher des tickets portant une lettre ou un numéro. Les services du ravitaillement annoncent de temps à autre quels sont les tickets que l'on peut apporter aux commerçants pour acheter, bien entendu au prix taxé, telle ou telle denrée, du tabac, un bout de savon, etc.

— *Donc, tout est rationné ?*
— Presque… Restent en vente libre les huîtres, sans doute parce qu'elles ne peuvent

voyager, le boudin de bœuf ou le pâté de poisson… quasi immangeables. Ou encore quelques légumes jugés par le consommateur impropres à « tenir au ventre », en l'absence de beurre pour les accommoder : les topinambours et – pire encore – les rutabagas, restés le symbole des privations. Car c'est l'alimentation qui pose le plus de problèmes. Le best-seller de cette époque, c'est un livre du journaliste gastronomique Édouard de Pomiane, *Cuisine et restrictions*, expliquant comment faire des omelettes sans œufs ! La presse vichyssoise abondait en recettes pour servir la même viande à trois repas successifs et rassasier les appétits avec trois fois rien.

— *Comment était décidée la répartition ?*

— Bien sûr en fonction des arrivées, très aléatoires, des denrées qui, après avoir été réquisitionnées, étaient gérées par l'État. Par ailleurs, les consommateurs étaient divisés en six classes, en fonction de leur âge et de ce qu'on estimait être leurs besoins. Ainsi, toi, tu aurais été classé J parce que jeune, et plus précisément, à 15 ans, J3, une catégorie à l'appétit redoutable. Ta grand-mère aurait été classée en tant que A pour adulte de moins de 70 ans, et moi, on m'aurait classé V, autrement dit vieillard ayant peu de besoins. Des rations supplémentaires étaient accordées aux travailleurs de force et aux femmes enceintes.

Le pain ne pouvait être vendu que rassis, et il était recommandé de le couper en fines tranches pour le faire durer. Des cartons d'invitation à dîner indiquaient « apporter les tickets équivalant à 200 g de pain ». Et, dans les villes, dès l'aube du jour où devait être débloquée telle ou telle denrée, se formaient de longues queues de ménagères s'apprêtant à patienter plusieurs heures. On était en principe rattaché à des commerçants précis. Ton boucher, ta crémière devenaient pour toi des personnages considérables...

— *En gros, qu'aurait pu acheter, pour se nourrir, ma grand-mère ?*
— En tant que parisienne, classée A, elle aurait, à la fin de 1941, changé ses tickets et

son argent contre 350 g de pain par jour, 50 g de fromage et 250 g de viande désossée par semaine, 50 g de riz, 250 g de pâtes et 500 g de sucre par mois. En tout, l'équivalent de 1 350 calories par jour, soit la moitié de ce qu'elle aurait mangé en 1938. Ce n'était pas beaucoup. Et puis, à l'exception du sucre, tout diminua, et en novembre 1943, la ration de pain passa à 300 g, celle de viande à 120 g par semaine.

— *La pénurie portait sur autre chose que sur l'alimentation ?*

— Elle empoisonnait toute la vie quotidienne.

Par exemple, les transports. Les villes sont alors vides d'automobiles car l'essence est le premier butin de guerre et on n'en dispose en zone nord qu'avec un *Ausweis,* accordé en principe aux seuls policiers, médecins et sage-femmes ; en zone sud, les autorisations préfectorales sont presque aussi rares. Dans les campagnes, on utilisait les carrioles tirées par ce qui restait de chevaux. En ville, quelques rares voitures et les autobus roulaient avec, sur leur toit, un gazogène, un appareil industriel qui, avec certains combustibles, avant tout du bois, pouvait faire fonctionner un moteur à explosion. La bicyclette, malgré son prix élevé, malgré la difficulté de trouver des pneus de rechange, mérita son surnom de « petite reine » : élégantes et métallos pédalaient ferme, à la ville comme à la campagne. En 1943 circulent 11 millions de vélos. Les plus musclés traînaient derrière eux une remorque munie d'une banquette rembourrée, baptisée vélo-taxi. Aller d'une ville à l'autre devint ainsi très difficile, les trains étant toujours bondés et la pénurie de charbon rendant leurs horaires très incertains.

– *Et encore ?*

– Autre secteur très déficitaire : l'habillement. Il était interdit de vendre des chaussures en cuir, une matière très recherchée par l'occupant : on portait des galoches à semelle de bois, des sabots, et pour les dames, des semelles compensées en toutes sortes de matières très friables. La vente de vêtements neufs était strictement surveillée, et c'est tout juste si les femmes enceintes touchaient quelques « points textiles » pour une layette. Les mères de famille « retournaient » les vieilles vestes, pour présenter le tissu moins usé à l'envers. On détricotait tout ce qui pouvait se mettre en pelote. Celles qui cousaient des textiles artificiels craignaient que leur jupe ne rétrécisse à la première averse, et les plus coquettes se confectionnaient des chapeaux avec du carton et des fleurs en papier.

Il fallut surtout lutter contre le froid, car les deux premiers hivers de la guerre furent très rigoureux : en 1940-1941, à Paris, 70 jours de gel, avec certaines nuits à − 15°. Les campagnes arrivaient à se chauffer au bois, mais dans les villes, le charbon, puis bientôt le gaz, furent sévèrement rationnés. À Paris, chacun disposait, pour se chauffer et cuisiner, de 50 kg de charbon par mois. C'est peu, vu les usages de l'époque. Un philosophe de grand renom, Henri Bergson, alors âgé de 80 ans, ayant refusé, lui qui était d'origine juive, de rendre sa Légion d'honneur, même contre la promesse d'être classé « aryen d'honneur » (!) avec un supplément de charbon, mourut d'une pneumonie en plein l'hiver. On se réfugiait dans l'unique pièce chauffée, un bain chaud était un luxe. L'espoir de trouver un peu de chaleur explique en partie la fréquentation grandissante des musées, des bibliothèques municipales et, plus encore, des salles de cinéma.

— *Et la santé avec tout cela ?*
— Les médecins ont constaté que l'état de santé variait selon la situation et les ressources de leurs patients. Mais, globalement, entre le rationnement et le froid, le taux de mortalité passe de 15,5 ‰ en 1939 à 16 ‰. La tuberculose fit des ravages. Faute de savon, dans tous les milieux se propageait la gale, un parasite de la peau très contagieux. La majorité des Français, surtout en ville, eut très faim ; un quart d'entre eux ont perdu au moins huit kilos.

— *Mais que fichait le gouvernement ? Il ne restait tout de même pas les bras croisés ?*

— Non, car il savait qu'il jouait sa crédibilité sur le ravitaillement. Il incita donc les municipalités à agrandir la surface des jardins ouvriers, voire à créer en ville des jardins réservés aux chefs de famille. Et, surtout, reprenant à son compte des mesures antérieures, il instaura dans la semaine des jours « sans » (sans alcool, sans viande, etc.) pour mieux répartir la pénurie. Il plafonna aussi le prix des menus dans la majorité des restaurants. Enfin, il favorisa la mise au point de produits de remplacement. L'Occupation nous a légué le mot allemand, *Ersatz,* pour désigner tous ces substituts. On se lavait avec un *ersatz* de savon fait de lichens, et on fumait des cigarettes en feuilles d'ortie. Le paquet du café dit « national », imbuvable, ne contenait guère que 60 g de café, complété par 190 g d'épluchures variées ou de glands bien mûrs…

— *Beurk ! Mais je suppose que le Français moyen se débrouillait tout de même ?*

— Il fallait bien ! Le système D s'est généralisé. Dans les villes, on montait de petits élevages : on estime que les Parisiens ont élevé dans leurs caves et sur leurs balcons plus de 400 000 lapins, sans doute rachitiques, mais qui agrémentaient les fêtes de famille. On renouait avec l'usage du troc : à la campagne, on réglait le médecin ou le vétérinaire avec deux douzaines d'œufs ou une livre de beurre. Le non-fumeur monnayait ses « tickets » de tabac.

Et puis, du troc, on est passé à un système plus complexe, qui a duré plusieurs années après l'Occupation.

— *Oui, celui du marché noir dont on parle dans tous les films, les séries, les documentaires. Qu'est-ce que c'est ?*

— C'est un marché parallèle échappant à la réglementation et aux taxes. On écoule clandestinement des articles contingentés, ou interdits à la vente, à des prix supérieurs aux prix fixés. Le marché noir campagnard s'est perfectionné au fil des mois. Si un fermier produisait, par exemple, du lait et du beurre, les services du ravitaillement en réquisitionnaient une partie et n'autorisaient la vente du surplus dans le circuit commercial qu'au prix officiel. Fortement sollicité par des clients en manque, ce fermier pouvait se risquer à vendre – mais discrètement – son beurre plus cher. Certes, il y avait des citoyens démunis (ou vertueux) qui refusaient d'acheter dans ces circuits illégaux. Mais la pénurie rendait ces pratiques presque indispensables, et bien des familles allaient en vélo se fournir auprès de leurs connaissances campagnardes. Bien sûr, les fermiers consentaient à des cousins citadins, ou à des voisins, des prix qui pouvaient rester raisonnables : on parle alors de « marché gris ». J'ajoute que bien des commerçants vendaient eux-mêmes, toujours discrètement, dans leur arrière-boutique, des produits absents de leurs étalages…

— *Que pouvait faire Vichy contre ces pratiques illégales ?*

— Dans un premier temps, il infligea de lourdes amendes. Puis il préféra lâcher du lest. Une loi du 13 octobre 1941 autorisait l'expédition de « colis familiaux » pouvant peser jusqu'à 3 kg. La viande était interdite, mais on pouvait envoyer une volaille, deux douzaines d'œufs, du fromage, des pommes de terre, des marchandises relevant probablement pour la plupart du marché gris. La France était encore largement rurale : au cours de la seule année 1942, 13 547 000 colis furent envoyés, soit 297 000 tonnes de nourriture. On estime que ce marché gris-noir a fourni à ceux qui disposaient de ces circuits parallèles un supplément bienvenu de 400 à 500 calories par jour, très envié par ceux qui n'avaient aucune relation à la campagne.

Des filières de trafiquants fonctionnaient, notamment pour la viande. Le marché noir de la viande rapportait moins que celui des métaux vendus aux bureaux d'achat allemands ; reste qu'on s'y enrichissait, et le

gouvernement ne réussit pas à réduire l'activité des bandes organisées.

   – Il y avait des gens qui ne pouvaient pas se
fournir ainsi ?
   – Oui, en effet, tant les situations étaient
inégales. On est ainsi tenté d'opposer les
paysans, bien nourris, aux citadins affamés.
Mais n'étaient vraiment gagnants que les
cultivateurs pratiquant polyculture et éle-
vage, alors que les pays de monoculture, en
particulier les régions viticoles du Bordelais,
du Languedoc ou de la Provence, ont souffert eux aussi.

   – Et quels étaient les moyens pour s'en
sortir ?
   – La solidarité familiale et l'argent. Il était
fâcheux d'avoir perdu tout lien avec sa famille
à la campagne. Cela devenait désastreux
pour les pauvres, les inactifs, les personnes
âgées sans ressources, les salariés, notamment
les ouvriers, dont les salaires avaient été blo-
qués sur ordre de l'occupant, qui voulait atti-
rer la main-d'œuvre en Allemagne.

On peut dresser une statistique de la faim en France occupée. Vraisemblablement un quart des Français, un peu plus en zone nord, n'ont eu aucun souci de ravitaillement. C'étaient ces paysans assez aisés dans des régions de polyculture, tous ceux qui disposaient de l'argent nécessaire pour s'approvisionner au marché noir, ou ces citadins qui possédaient une résidence campagnarde. Un autre quart est composé de paysans plus modestes et de ruraux, artisans, professions libérales, qui pouvaient faire du troc, ou de citadins connaissant des cultivateurs : ceux-là ont mangé juste à leur faim. La situation était vraiment préoccupante pour un petit quart : les ruraux issus des pays de monoculture viticole, les salariés, les familles nombreuses citadines, les petits rentiers. Enfin, près d'un tiers a vraiment souffert : dans les villes, de nombreux vieillards, les personnes isolées, sans soutien extérieur, nombre d'ouvriers. Cas extrême : sur les 40 000 décès survenus dans les hôpitaux psychiatriques, on en attribue la majeure part à la faim, même s'il est arrivé (mais trop rarement) que l'on autorise les patients à cultiver les jardins de l'établissement. Et, dans les hospices, 50 000 vieillards moururent, eux aussi, de quasi-inanition.

   — Dernière contrainte que tu as citée : les prélèvements de main-d'œuvre. De quoi s'agit-il ?
   — La guerre mobilisant de plus en plus d'hommes, le Reich manquait de bras dans l'agriculture, et surtout dans l'industrie, notamment l'industrie de guerre. La situation s'aggrava avec les revers subis par la Wehrmacht en Russie. En mars 1942, Hitler nomma Fritz Sauckel « ministre planificateur du Reich pour la main-d'œuvre ». Surnommé le « négrier de l'Europe », ce nazi particulièrement brutal planifia, dans tous les pays occupés, un service du travail pour subvenir aux besoins de l'Allemagne.

   — Et pour les Français ?
   — D'abord, plus de 90 % des prisonniers de guerre en Allemagne furent mis au travail, répartis en 80 000 *Kommandos*, agricoles pour près des deux tiers. Mais certains furent affectés aux industries de guerre,

malgré l'interdiction qui en avait été faite par les conventions internationales.

Les travailleurs volontaires pour partir en Allemagne (des hommes et des femmes dont je te reparlerai) ayant été trop peu nombreux, Sauckel programma quatre *Aktion* de réquisitions de travailleurs : la première eut lieu au printemps 1942, les deux suivantes en février et juin 1943, la dernière au printemps 1944. Le gouvernement de Vichy lui facilita la tâche en publiant, le 13 septembre 1942, une loi permettant d'« assujettir » les hommes entre 18 et 50 ans, les femmes célibataires entre 21 et 35 ans, à effectuer « tous travaux que le gouvernement jugera utiles dans l'intérêt supérieur de la nation », sans préciser le lieu.

Si, avec ce système, les femmes ne partirent pas outre-Rhin, pour des raisons dites de « moralité », une bonne partie des hommes furent alors contraints de le faire. En réclamant, dans un premier temps, 250 000 travailleurs, Sauckel avait accepté l'idée que le départ de trois ouvriers qualifiés entraînait la « relève » d'un prisonnier de guerre, ainsi renvoyé en France. Puis ce système de compensation fut aboli. En outre, le 16 février 1943, une loi de Vichy institua le STO, le « Service du travail obligatoire ». Par décret, y étaient astreints, pour deux ans, les hommes nés en 1920, 1921 et 1922. Furent d'abord requis pour partir en Allemagne les ouvriers, puis tous les jeunes gens, y compris les paysans, des trois classes d'âge mobilisées. Parmi ces travailleurs « requis », 650 000 partirent pour le Reich.

Tous les requis ne partirent pas. Ceux qui refusèrent le STO durent se cacher : ce sont les « réfractaires », dont il est mal aisé de connaître le nombre précis, probablement 120 000. Ils étaient néanmoins assez nombreux pour que, désirant freiner ce mouvement, le ministre allemand de l'Armement, Albert Speer, autorise certains « requis » à travailler en France pour l'Allemagne, soit dans les usines dites « protégées », classées « S », qui employaient près de 1 400 000 salariés, soit dans l'organisation Todt, chargée de construire notamment le Mur de l'Atlantique.

— *Au total, la vie fut-elle triste et difficile de bout en bout ?*

— Bien des Français en ont gardé un mauvais souvenir. À une exception notable : dans le Paris occupé, ce fut un temps inoubliable pour un petit nombre de nantis, de trafiquants et aussi les « collaborationnistes », dont je vais te dire un mot. Il y avait un « Tout-Paris » qui se gobergeait avec l'occupant, au Fouquet's, à Bagatelle, à la Tour d'Argent — où les menus avaient été dès l'automne 1940 rédigés en français et en allemand. De nombreuses photos montrent ce petit monde réuni dans les tribunes du champ de courses de Longchamp ; à la projection du *Juif Süss* de Veit Harlan, un film antisémite à la mise en scène redoutablement habile ; aux pieds des colosses du sculpteur préféré du Führer, Arno Breker, exposés en grande pompe en mai 1942 ; à un concert du Philharmonique de Berlin dirigé par le jeune Herbert von Karajan, qui ne détestait pas le nazisme. Quant à la haute couture, elle demeura florissante grâce à une clientèle fortunée, aussi bien allemande que française, pour qui le tissu ne manquait pas.

— *Et dans les autres milieux ?*

— Le contraste est saisissant entre ce beau monde et les milieux populaires englués dans les difficultés de la vie quotidienne. Et il ne faut pas se tromper sur la vie à la campagne, dont beaucoup de citadins se figuraient qu'elle connaissait alors un véritable âge d'or. La plupart des paysans — je l'ai dit — mangeaient de bon appétit, ce qui comptait beaucoup. Mais la vie restait laborieuse et rude dans des communes dont seulement 18 % étaient équipées d'eau courante et 3 % du tout-à-l'égout. Bien plus, les ruraux vécurent mal la suppression de la chasse, une pratique très populaire en France, et l'interdiction des bals, dont la justification — ne pas insulter la patrie endeuillée — ne convainquait guère la jeunesse. Et si 6 millions de ménages français disposaient alors d'un poste de radio (on disait alors la TSF), nombre de foyers ruraux en étaient dépourvus.

— *Mais, en ville, on pouvait encore aller au cinéma, au théâtre, au concert ?*

— Tu vas être surpris : les distractions n'ont pas manqué. Berlin jugeait important de favoriser une activité culturelle relativement libérale afin de faire oublier contraintes militaires et politiques, en zone occupée.

Mais les distractions devaient être contrôlées. C'est ainsi qu'ont été censurés les livres hostiles au nazisme ou jugés « décadents » (autrement dit jugés indignes de la civilisation nazie), ou écrits par des juifs : dès l'été et l'automne 1940 furent établies deux listes, la « liste Bernhard » et, plus connue, la « liste Otto », interdisant 1 062 titres. La censure s'exerça donc dans tous les domaines : la presse, l'édition, le cinéma, la radio, le théâtre... mais avec doigté. À cette condition, le rayonnement français dans ce domaine pourrait servir à vanter les charmes de la conquête allemande.

— *Tu peux vraiment parler de « rayonnement culturel » ?*

— Eh bien, malgré la censure exercée à la fois par Vichy et l'occupant, la production culturelle au sens large du terme a plutôt été féconde pendant cette période.

Un flot d'œuvres, il est vrai, célébraient le Maréchal, exaltant à coups de bons sentiments la Révolution nationale ; au point que, en réaction, s'affirma dans le Paris de 1943 une sorte de contre-culture, véhiculée par des jeunes, des étudiants, mais pas seulement, portant vestons longs et pantalons au mollet ou jupes courtes et col roulé, bref, la mode « zazou ». Dans les caves de Saint-Germain-des-Prés, ils s'enchantaient de jazz, cette musique américaine, nègre de surcroît, interdite.

En tout cas, à côté de valeurs sûres, d'auteurs déjà connus (Claudel, Anouilh, Giraudoux, etc.) s'affirmait une nouvelle génération : Jean-Paul Sartre faisant jouer *Les Mouches*, ou *Huis clos*, Albert Camus publiant son roman le plus connu *L'Étranger*.

Au final, fallait-il publier sous la censure ? La question fut débattue et résolue : les maisons d'édition, malgré les limitations de papier, incitèrent leurs auteurs à continuer de publier, ce qu'en général ces derniers étaient disposés à faire. Albert Camus, pour publier son essai philosophique *Le Mythe de Sisyphe*, accepta de supprimer le chapitre consacré au juif Kafka. Ceux qui refusèrent de publier dans ces conditions – citons le poète René Char – furent très rares.

– *Le public a-t-il profité de cette abondante production ?*
– Plus que jamais, pourrait-on dire. Le nombre des lecteurs dans les bibliothèques publiques a été multiplié par trois entre 1938 et 1942 ; on vendait 200 millions de tickets de cinéma en 1938, et 304 millions en 1943. Au cours du mois de décembre 1943, l'ensemble des théâtres français attira 800 000 spectateurs.

Durant l'Occupation furent tournés 225 longs métrages et 400 courts métrages, dont certains – il est vrai – le furent par la maison de production Continental-Film, dirigée par l'Allemand Alfred Greven. C'était une moyenne nettement supérieure à celle de la fin des années trente.

— *Comment expliquer cette soif culturelle ?*

— Par le désir d'avoir chaud ? Pourquoi pas ? Une façon de s'évader par ces temps d'airain ? C'est très vraisemblable. Il est significatif que le film qui fit le plus d'entrées fut alors *L'Éternel Retour* de Jean Delannoy, une adaptation par Jean Cocteau du mythe de Tristan et Yseult, avec Jean Marais, bien éloigné des problèmes du moment. Et en décembre 1942, *Les Visiteurs du soir* de Marcel Carné, une fiction médiévale qui mettait en scène le diable envoyant deux de ses créatures tourmenter les mortels, connut le même succès.

— *Autant dire que c'était comme si la guerre n'existait pas ?*

— Pas tout à fait. On a pu dire aussi qu'il s'agissait d'une façon de se défendre par la culture, faute de mieux. Le poète et

romancier Louis Aragon parla même d'une
« littérature de contrebande », bravant (pru-
demment !) la censure avec des sous-entendus
contre l'occupant : on passait alors du
« faute de mieux » au « mine de rien » !

— *Bon. Mais, au total, dis-moi comment les
Français se sont comportés sous l'Occupation.*
— On ne peut pas, comme on le fait trop
souvent, dire « les » Français. Ils étaient dif-
férents par leur milieu social, leur culture,
leur opinion politique, mais aussi par leur
âge, leur profession, leur situation de
famille, et leur région. Les phénomènes
d'opinion ne sont jamais simples à analyser.

— *OK. Mais peut-on tout de même en avoir
une idée ?*
— Les historiens disposent d'une bonne
source car le gouvernement de Vichy
avait chargé des services baptisés « contrôles
techniques » d'intercepter non seulement
les conversations téléphoniques ou les
télégrammes, mais aussi le courrier. Au
cours de l'année 1942, entre 320 000 et

370 000 lettres ont ainsi été, chaque semaine, ouvertes, lues et refermées. Elles permettaient d'adresser des rapports de synthèse sur l'évolution de l'opinion au ministre de l'Intérieur.

— Les gens savaient-ils qu'ils étaient espionnés ?
— Pas tous, mais les résistants s'en doutaient et se gardaient de téléphoner et même d'écrire, ce qui rendait indispensables les agents de liaison.

— Alors, que nous apprennent ces synthèses ?
— Qu'il y a eu, en schématisant, des partisans de la collaboration, et, à l'opposé, des gens que l'on considère comme des résistants. Mais on y observe aussi toute une gamme d'attitudes intermédiaires, toutes les façons de s'accommoder — ou non — de la présence et des exigences de l'occupant. Et il est clair qu'il faut prendre en compte l'ambivalence des attitudes : quelqu'un peut penser non pas « ceci qui exclut cela », mais « ceci en même temps que cela ». Ainsi, il peut haïr l'occupant et détester en même

temps de Gaulle, ce qui te surprend peut-être. Enfin, ces synthèses montrent que les choses auraient été probablement moins complexes si les occupés avaient été confrontés aux seuls occupants : l'existence même du régime de Vichy, voire sa politique, ont pu parfois brouiller les repères.

— *Dis-moi d'abord : est-ce que les Français ont suivi Pétain quand il a choisi — comme tu me l'as dit — la voie de la collaboration politique ?*

— À l'automne 1940, sa popularité était grande, parce qu'il avait choisi de mettre la France à l'abri de la guerre, tout en promettant un redressement durable. Une masse de « maréchalistes » firent alors totalement confiance au « vainqueur de Verdun ». Certains d'entre eux aussi approuvaient ses choix politiques : ce sont les « pétainistes ». Mais l'annonce qu'il fit le 30 octobre 1940, déclarant qu'il « entrait dans la voie de la collaboration » surprit et suscita interrogations et réserves. Il se voulait pourtant réaliste, estimant que l'Allemagne gagnerait la guerre, que les clauses de l'armistice s'en trouveraient adoucies, qu'il pourrait dans l'immédiat mener à bien cette Révolution nationale dont il attendait beaucoup. Or, une caricature, qui paraîtra un peu plus tard dans la presse clandestine sous le titre « Kollaborer, c'est être roulé », résumait l'état d'esprit d'alors de la majorité : on y voyait Laval, partisan convaincu de la collaboration d'État, tenant une grosse montre, et Hitler tendant la main en disant : « Donnemoi ta montre, je te donnerai l'heure. »

Assez vite, les résultats de cette politique confirmèrent ce sentiment : la France restait disloquée, deux prisonniers sur trois restaient captifs, la répression se durcissait. Bref, rien qui puisse rendre la collaboration d'État populaire : pour Monsieur Tout-lemonde, l'occupant demeurait un « boche ».

– *Mais il y a bien eu des partisans déclarés de la collaboration ?*

– Oui. Et plus qu'on ne le dit généralement. Pétain déclarant s'engager « dans le cadre d'une activité constructive du nouvel ordre européen », ils voulaient, eux, œuvrer dans ce sens, allant parfois jusqu'à souhaiter ouvertement la victoire du Reich. Pourquoi les *Kollabos* (terme que, par dérision, on écrivait à l'allemande) ont-ils fait ce choix ? « Par complaisance personnelle, intérêt matériel, conviction ou connivence idéologiques », dit l'historien Philippe Burrin.

La complaisance, elle fut le fait de dizaines de milliers de « bons Français », qui, réglant des comptes politiques ou personnels, dénonçaient aux polices allemandes le voisin de palier qui écoutait Radio-Londres, le juif autrichien qui osait se faire appeler Dupont, etc.

L'intérêt a motivé certains hommes d'affaires qui, en attendant la victoire finale de l'Allemagne, engrangeaient déjà de solides bénéfices et, pour y parvenir, frayaient à l'occasion avec des trafiquants, des malfrats. Et certains trafiquants se sont faits tortionnaires, comme les gestapistes français de la rue Lauriston à Paris.

Les motifs idéologiques étaient ouvertement affichés par certains « collaborationnistes », comme ils se qualifiaient eux-mêmes.

Ceux-là trouvaient Vichy trop réaction-
naire, trop frileux. Ils jugeaient que la
France devait intégrer la nouvelle Europe
fasciste, y compris militairement. Quelque
30 000 Français combattirent aux côtés de
la Wehrmacht. Ils s'engagèrent dans la LVF,
la Légion des volontaires français contre le
bolchevisme, créée au cours de l'été 1941,
ou, à la fin de 1944, en Allemagne, dans la
Division Charlemagne, une unité de la
Waffen-SS. Les collaborationnistes avaient
milité avant la guerre dans des mouvements
d'extrême droite ; quelques-uns, venus de
la gauche pacifiste, étaient tentés par le
mirage d'un nazisme prétendument socia-
liste. La plupart se regroupèrent autour de
deux chefs : Marcel Déat, qui fonda le
RNP (Rassemblement national populaire),
et Jacques Doriot, à la tête du PPF (parti
populaire français), avec le soutien et les
subsides d'Otto Abetz, l'ambassadeur d'Allemagne à Paris. D'autres, des artistes et des
vedettes, connus de tous, se contentaient de
faire un voyage à Berlin planifié par la propagande nazie. Plus engagés, en octobre

1941, Robert Brasillach, Pierre Drieu La Rochelle, Ramon Fernandez, entre autres, participèrent à un « congrès des écrivains européens » à Weimar.

— *Tu parles longuement de ces « collabos ». Ont-ils joué un rôle si important ?*

— Ils tiennent le haut du pavé parisien, fréquentent le gratin de l'occupant, chahutent les pièces de théâtre qui leur déplaisent. Ils organisent des meetings, des défilés, critiquent de plus en plus Vichy. Pourtant, leur influence sur le gouvernement est restée en fait plutôt faible, du moins jusqu'en 1944.

Mais il ne faut pas la négliger pour autant, et certains historiens ont estimé que plus de 800 000 personnes avaient été réceptives à leurs thèses. En zone nord, ils dominaient la presse et la radio. Radio-Paris était une station fort écoutée, malgré la ritournelle lancée par un Français sur les ondes de la BBC, à Londres : « Radio-Paris ment, Radio-Paris ment, Radio-Paris est allemand ». L'un des best-sellers de cette époque, c'est le pamphlet de Lucien Rebatet, *Les Décombres* : une analyse au vitriol de la classe politique de l'avant-guerre pour expliquer la veulerie de la société française pendant la guerre. Leur presse se vendait bien : l'hebdomadaire *Je Suis Partout*, dirigé jusqu'en 1943 par Robert Brasillach, atteignit 300 000 exemplaires. Cet intellectuel militant, après avoir rompu avec les nationalistes de l'Action française pour exalter les valeurs du fascisme, écrira : « Les Français de quelque réflexion, durant ces années, auront plus ou moins couché avec l'Allemagne, non sans querelles, et le souvenir leur en restera doux. »

En 1944, la plupart n'hésitèrent pas à mener des actions de guerre civile, s'engageant aux côtés des occupants contre les résistants français. Ils furent alors soutenus par quelques personnalités venues de Vichy : Philippe Henriot, dont les discours radiodiffusés étaient très écoutés, et Joseph Darnand, le chef de la Milice française, qui avait prêté serment à Hitler et disposait de plus de 20 000 hommes armés grâce aux SS.

— *Bon, je crois avoir compris. Parle-moi maintenant des non-collaborationnistes.*

— Beaucoup plus nombreux furent ceux qui se sont « accommodés » de la présence de l'occupant, ou se sont même pliés à ses exigences, sans pour autant s'engager politiquement. L'Occupation était à leurs yeux un état de fait, en dépit duquel il fallait continuer à vivre.

On rencontre cette attitude dans presque toutes les professions. Des éditeurs participèrent à la rédaction de la « liste Otto », dont je t'ai parlé, qui censurait l'édition ; des industriels expliquèrent, ensuite, à la Libération, que pour éviter la réquisition ou la fermeture de leurs entreprises, il leur avait bien fallu travailler pour l'Allemagne, y compris en livrant plus de 110 000 camions à la Wehrmacht ou des moteurs d'avion à la Luftwaffe. Les salariés, eux, avaient besoin de faire vivre leur famille : l'occupant trouva aisément la main-d'œuvre civile qui lui était nécessaire, par exemple pour faire le ménage dans ses bureaux. Autre cas significatif : c'est l'appât de salaires plus élevés qui, dès

1941, a poussé près de 40 000 femmes et environ 200 000 hommes, dont la moitié étaient des ouvriers, à partir volontairement travailler en Allemagne, y compris dans les usines Messerschmitt où l'on fabriquait des avions de chasse...

— *Ils n'y étaient donc pas obligés ?*

— Non. Et il ne faudrait pas confondre ces travailleurs volontaires avec les travailleurs requis un peu plus tard, ceux du STO, le Service du travail obligatoire, dont je t'ai parlé. À ces derniers, la réquisition imposait un choix difficile. Ou bien on partait travailler dans le Reich, ce à quoi se résolurent environ 650 000 jeunes gens à partir du printemps 1943 ; ou bien, — et c'était ce à quoi incitaient Radio-Londres et les mouvements de Résistance —, on devait se cacher, en basculant ainsi dans l'illégalité, ce que firent des réfractaires en nombre toujours plus important.

On peut dire, pour rester nuancé, que, à des titres très divers, ceux qui se sont accommodés optaient pour ce qu'ils pensaient être une attitude réaliste, en s'efforçant, eux qui étaient le plus souvent attentistes, de gagner du temps.

— *On a fait le tour de ces accommodements ?*

— Pas exactement : il faut que je te dise un mot de ces accommodations particulières que furent les relations amoureuses entre Françaises et Allemands. Elles étaient très mal vues du côté français, et formellement interdites aux Allemands qui, s'ils étaient découverts, risquaient d'être envoyés sur le front de l'Est. On est resté longtemps sans en parler. On se contentait d'évoquer les liaisons tapageuses de certains officiers et de vedettes du Tout-Paris, cette « collaboration à l'horizontale », comme on disait, illustrée par une phrase, attribuée à Arletty, une artiste célèbre de l'époque, qui aurait déclaré avec gouaille : « Mon cœur est à la France, mais mon c… est international » ! On est plus sensible aujourd'hui au fait que probablement près de 100 000 « enfants de l'ennemi » sont nés, plus tard stigmatisés, de ces amours entre des soldats et des femmes qui n'étaient certainement pas toutes célèbres.

    — Bon, passons. Parlons du refus des « accommodations ».

    — Il est difficile de savoir combien se sont contentés de choisir le « non-consentement », pour employer le terme proposé par l'historien François Marcot. Mais on ne saurait sous-estimer le phénomène. Le refus de toute connivence avec l'occupant a d'ailleurs fait l'objet d'un roman paru, en 1942, clandestinement : un livre dont l'auteur, résistant, avait pris le pseudonyme de Vercors.

    — Ah ! Mais c'est Le Silence de la mer *! Le prof de français nous avait conseillé de le lire au collège.*

    — Est-ce qu'il t'a plu ?

    — Disons que je l'ai trouvé un peu déroutant.

    — Cela ne m'étonne pas : l'occupant apparaît ici sous les traits d'un officier intelligent et cultivé, logé dans une chambre réquisitionnée, et qui vient chaque soir parler au propriétaire de la maison – qui réside là avec sa nièce. Il cherche à établir avec eux un contact amical. Les deux Français, par dignité, gardent le silence, refusant tout échange malgré la sympathie que l'homme, et surtout sa nièce, ne peuvent s'empêcher d'éprouver pour cet Allemand fort peu nazi et manifestement francophile. Au moment de sa sortie clandestine, le livre, le premier publié par les Éditions de Minuit, fut critiqué dans certains milieux résistants.

– *Pourquoi ?*
– Il semblait encourager une attitude de refus trop passive, qui n'engageait pas suffisamment à combattre l'ennemi. Et pourtant la lutte armée n'était pas la seule façon de manifester son refus. Dès le 11 novembre 1940, des Parisiens et des Parisiennes ont arpenté les Champs-Élysées en arborant des bouquets tricolores. Et des manifestations ouvertement patriotiques ont ponctué ces quatre années, par exemple le 14 juillet. Parfois encore, c'est la population entière de tel

village qui assiste, sans autre signe de protes-
tation, à l'inhumation d'aviateurs anglais ou
américains abattus au-dessus de la France, ou
aux obsèques de patriotes exécutés par la
Gestapo. Ainsi, près de mille personnes, en
mars 1943, à Poligny dans le Jura, ont suivi
le cercueil de Paul Koepfler, un passeur de la
ligne de démarcation. Dans le bassin minier
du Nord-Pas-de-Calais, près de 100 000
mineurs avaient osé, en « zone rattachée », se
mettre en grève entre le 27 mai et le 10 juin
1941. Leurs motifs, d'abord professionnels,
devinrent ouvertement patriotiques et ils
payèrent très cher cette manifestation col-
lective de refus : 224 d'entre eux seront
déportés. Autre exemple de ce « non-
consentement » : les paysans qui, n'étant pas
eux-mêmes engagés dans la Résistance, se
refusèrent à dénoncer les maquis. Par
ailleurs, certaines personnes peu politisées
sont venues en aide à ceux que traquaient les
polices allemandes, notamment les enfants
juifs. Se contenter d'ignorer l'occupant,
c'était le trentième des *Conseils à l'occupé*
publié clandestinement dès 1940 par Jean

Texcier : « Étale une belle indifférence, mais entretiens ta colère. Elle pourra servir. »

— *Servir à devenir résistant, je suppose ? Mais cela consiste en quoi, résister ?*

— Comme Lucie Aubrac, résistante et historienne, l'a elle-même expliqué à ses petits-enfants, je serai bref. Résister, c'est s'engager dans l'action clandestine et subversive que des volontaires mènent au nom de la liberté de la nation et pour la défense de la personne humaine, contre la domination de la France par le régime nazi et son occupation. Cette volonté patriotique a donné naissance à deux formes complémentaires de lutte, la France Libre et la « Résistance du dedans ».

— *La France Libre, c'est de Gaulle ?*

— Oui. En affirmant le 18 juin 1940, au micro de la BBC : « Quoi qu'il arrive, la flamme de la résistance française ne doit pas s'éteindre et ne s'éteindra pas », il fonda la France Libre, celle qui poursuivrait la guerre aux côtés des Anglais. Il mit ainsi sur pied une petite force armée, rallia à la « dissidence » une partie de l'Empire français et s'efforça de protéger le rang de grande puissance de cette France provisoirement vaincue.

– *De Londres, est-ce qu'il animait aussi la Résistance intérieure ?*

– Oui et non. Si la France libre put mettre en œuvre des réseaux de renseignement, de Gaulle, jusqu'en 1942, eut très peu d'influence sur les Mouvements d'une Résistance qui était née sans impulsion extérieure, et s'est d'abord organisée toute seule. Mais ces résistants partageaient avec de Gaulle la certitude que la défaite était provisoire, que la guerre n'était pas finie. Certains se réclamaient avant tout du nationalisme ; pour d'autres, le combat contre l'occupant était inséparable de la restauration d'une république démocratique. Mais tous auraient pu faire leur l'avertissement formulé en décembre 1941 par le journal clandestin *Témoignage Chrétien* aux partisans de l'accommodement : « France, prends garde de perdre ton âme. »

— *Pareil avertissement était-il entendu ?*

— Non. Les premiers résistants se sentirent bien impuissants face à l'immense popularité de Pétain, le vainqueur de Verdun, le chef légitime, le patriote qui s'était refusé à quitter la France dans le malheur, etc. Eux-mêmes passaient — comme d'ailleurs de Gaulle — pour des diviseurs brisant l'unité nationale. De surcroît, une bonne partie des antinazis, les communistes, ne s'engagèrent pas dès les premiers mois de l'Occupation dans la lutte contre l'occupant, puisque Staline, en signant en août 1939 le pacte germano-soviétique, avait choisi la neutralité, sinon la connivence avec le Reich.

— *Alors que faire ?*

— Telle était la question. Les débuts furent très ingrats. Daniel Cordier, qui devint par la suite l'homme de confiance de Jean Moulin, a parlé de « bricolage héroïque ». De petits groupes de femmes et d'hommes, qui, le plus souvent se connaissaient, s'efforçaient de

« faire quelque chose », pour témoigner de leur refus et secouer l'inertie ambiante. Mais le premier mouvement de résistance, le Réseau du musée de l'Homme, mis sur pied dès l'automne 1940, fut anéanti par les arrestations en février 1941.

— *Et comment la résistance a-t-elle progressé ?*
— L'invasion de l'URSS par la Wehrmacht, le 22 juin 1941, amena le parti communiste français, alors clandestin, à se lancer totalement dans la lutte contre l'occupant. Puis, bientôt, la montée de la répression en zone nord, les ratés de la collaboration d'État, provoquèrent des entrées en résistance.

On peut distinguer en gros deux modes d'organisation : les réseaux et les mouvements. Les réseaux étaient créés en vue d'un travail militaire précis, en liaison avec les Alliés, essentiellement le renseignement, accessoirement le sabotage, fréquemment la création de filières d'évasion pour les prisonniers — et surtout pour les pilotes tombés en France ou en Belgique. Près d'un résistant sur deux entra dans l'un de ces 260 réseaux homologués. Plusieurs étaient composés d'une « centrale », une organisation reliée à des « agences » disséminées par exemple dans les ports de la côte atlantique. Bien sûr, la Gestapo parvint à en détruire un bon nombre ; reste que le travail remarquable accompli pour fournir des informations fiables sur le dispositif de l'occupant était très apprécié à Londres.

Les Mouvements, du moins les plus étoffés, installés en zone sud, ont développé deux formes d'activité : l'une politique, l'autre militaire. Politiquement, il était très important de toucher la conscience de la population, et leur objectif principal était de contrer, par tous les moyens, la propagande de l'occupant et celle de Vichy.

— *Et comment ?*

— En ronéotant des tracts, en collant des "papillons" (petits textes de propagande). Et surtout, en imprimant et en diffusant la presse clandestine : il ne s'agissait souvent que de recto-verso, mais on a compté plus de mille de ces « journaux ». Parallèlement, mais très progressivement, des militants se sont préparés à l'action, quand des groupes paramilitaires ont été unifiés en une « Armée secrète » (AS).

– *Y a-t-il eu une étape décisive dans cette lutte contre l'occupant ?*

– Oui, l'année 1943, avec deux événements. D'abord l'affirmation de l'unité morale et politique de la France combattante, avec une convergence accrue entre France Libre et « Résistance du dedans ». Celle-ci avait besoin du soutien de Londres, en tout cas financièrement. Les contacts s'étaient multipliés, grâce à l'amélioration des émetteurs radio, et la mise en service des Lysander. Ces petits avions atterrissaient sur 50 m et repartaient sur 200, uniquement les nuits de pleine lune, emportant deux passagers et des centaines de kilos de courrier.

À la fin de 1942, après avoir effectué plusieurs « missions » entre les deux pays, un certain nombre de responsables de Mouvements, dont ceux de Combat, Libération, Franc-Tireur, reconnaissaient en de Gaulle le chef militaire de la Résistance. Et lui, de son côté, perçut mieux leur importance politique. Des Français plus nombreux écoutaient alors l'émission quotidienne de la BBC, « Les Français parlent aux Français », au cours de laquelle dix minutes, longtemps intitulées « Honneur et Patrie », étaient réservées à la France libre. Mais dans les mois qui avaient suivi le débarquement des Anglo-Saxons en Afrique du Nord, le président des États-Unis, Roosevelt, avait soutenu l'amiral Darlan puis le général Giraud qui prétendaient alors prendre la tête d'un gouvernement provisoire en s'opposant à de Gaulle. Pour démontrer que c'était bien de Gaulle qui avait derrière lui la Résistance, Jean Moulin, préfet révoqué par Vichy, délégué général de Charles de Gaulle en France, réunit, le 27 mai 1943, dans Paris occupé, un Conseil de la Résistance (CNR) qui reconnut de Gaulle comme le chef politique de la France combattante. Bien plus, Moulin réunit dans ce conseil les représentants de deux centrales syndicales, de huit Mouvements et, finalement, de six partis politiques – et parmi eux les socialistes et les communistes. Une étape décisive dans l'unité était franchie.

– Et l'autre événement décisif ?

– Ce fut l'apparition de maquis, au début de 1943, en Haute-Savoie, à la suite de la loi instituant le Service du travail obligatoire pour trois classes d'âge. Le mot « maquis » désigne à la fois le lieu de refuge (dans les bois, dans les forêts, dans les massifs montagneux) et les organisations qui accueillirent et encadrèrent les réfractaires au STO. Ils ne furent qu'une minorité à faire ce choix : entre 10 et 20 % des jeunes concernés selon les régions, et il faut bien dire qu'ils prirent d'abord les responsables de la Résistance un peu au dépourvu. Mais ils formaient tout de même une masse de combattants potentiels. La « Résistance du dedans » espérait alors entrer de plain-pied dans la lutte armée, sous toutes ses formes. Même si se battre ne fut pas nécessairement l'activité principale de la plupart des résistants. Mais ces soldats-citoyens, armés après les parachutages anglo-saxons du printemps 1944, purent participer enfin aux combats de la Libération.

— *Avec ces progrès, certains « maréchalistes » sont-ils passés à la Résistance ?*
— Oui. Je te donne un exemple célèbre : François Mitterrand fait partie de ceux que les historiens classent comme « vichysto-résistants ». Souvent entrés dans l'Organisation de résistance de l'armée (ORA), nombre de ces ex-vichyssois préférèrent, d'ailleurs, d'abord rejoindre le général Giraud.

— *C'est bien compliqué. Dis-moi plutôt ce qu'était le vécu des résistants.*
— Oublions les images trop faciles de certains films : des résistants sortant de l'ombre pour berner l'occupant, faisant sauter des trains de permissionnaires de la Wehrmacht, descendant des maquis, portant tous en bandoulière la fameuse mitraillette Sten. Leur vie était, en fait, plus souvent faite d'attente, d'occupations répétitives, de tentatives aléatoires. Femmes et hommes des

réseaux de renseignement devaient respecter un strict cloisonnement, se fondre dans la masse pour mieux recueillir les informa tions.

Les militants des Mouvements étaient amenés à prendre davantage de risques. Imprimer et distribuer la presse clandestine était une activité dangereuse. Déposer des tracts, remettre du courrier, était le rôle – essentiel – des agents de liaison, souvent des femmes ; chaque message, chaque information était déposé dans ce qu'on appelait une « boîte aux lettres », un lieu privé ou public, qui serait ensuite relevée par un(e) autre agent. Il fallait circuler dans des trains, particulièrement surveillés, échapper aux contrôles, aux fouilles...

– Ça, c'est dans les villes. Mais dans les maquis ?

– Dans les maquis, la vie quotidienne était presque toujours inconfortable, souvent désespérante d'ennui, exaspérante d'inactivité faute d'armes. Tous étaient à la merci de dénonciations, d'imprudences, traqués à la fois par les polices spécialisées de Vichy, les Groupes mobiles de réserve, par la Gestapo surtout.

— *Et s'ils étaient pris ?*

— Pour les uns comme pour les autres, être arrêté, cela signifiait presque toujours la torture, l'exécution ou la déportation. Pierre Brossolette, grande figure de la Résistance, célébrait à la BBC, le 22 septembre 1942, celles et ceux qui étaient ainsi rejetés dans la nuit : « La gloire est comme ces navires où l'on ne meurt pas seulement à ciel ouvert mais aussi dans l'obscurité des cales. C'est ainsi que luttent et meurent les hommes du combat souterrain de la France. Saluez-les, Français ! Ce sont les soutiers de la Gloire. » Lui-même ne survivra pas à son arrestation.

— *Est-ce que cela valait le coup, de prendre de tels risques ?*

— Certains ont jugé en effet que c'était risquer beaucoup pour pas grand-chose. Mais comme l'a écrit Jean Paulhan, lui-même résistant : « À ceux-là il faut répondre : [...] Tu peux serrer une abeille jusqu'à ce qu'elle étouffe. Elle n'étouffera pas sans t'avoir piqué. C'est peu de chose, dis-tu. Mais si elle ne te piquait pas, il y a long-temps qu'il n'y aurait plus d'abeilles. »

– *Combien étaient-ils à prendre ainsi des risques ?*

– On en débat. Celles et ceux qui ont appartenu, pendant un laps de temps assez long, à une organisation résistante pour-raient avoir été environ 800 000. Bien sûr, d'autres ont pu y participer de façon occa-sionnelle ; et je ne les confonds pas avec ceux qui ont pris le train en marche par pur opportunisme, dès 1943 et surtout en 1944. Les militants engagés par conviction ont donc constitué une minorité agissante sans être pour autant marginale.

– *Qui étaient-ils ?*

– En gros, ils venaient surtout des villes ; la moyenne d'âge s'établirait autour de trente-cinq ans. Il y aurait eu 10 % de femmes, un chiffre probablement sous-évalué, mais qui reflète l'évolution de la Résistance vers la lutte armée. Seraient fortement surreprésentés, par rapport à la population française, les professions libérales, les cadres et les employés, les ouvriers se rapprochant davantage de la moyenne nationale.

— *Au total, la Résistance est-elle devenue crédible ?*

— Oui, mais davantage politiquement que militairement. Politiquement, les résistants apparaissaient comme la relève quand le régime de Vichy avait cessé de passer pour un bouclier contre l'occupant. Mais l'acharnement de la Gestapo, puis les expéditions montées par la Wehrmacht montrent que l'occupant ne les sous-estimait pas sur le plan militaire, dans la perspective d'un débarquement toujours plus prévisible.

— *Prévisible pour tout le monde ?*

— Oui. Depuis la fin de 1943, il était dans toutes les têtes ou presque. La France combattante, de Londres, d'Alger ou de l'intérieur, s'y préparait. L'occupant aussi, en menant des actions très dures pour garantir ses arrières. Au printemps 1944, 30 000 à 40 000 soldats de la Wehrmacht et de la Waffen-SS, aidés parfois par des miliciens français, s'attaquèrent à ceux qu'ils appelaient les « terroristes » et les « bandes », c'est-à-dire aux maquis : massacre à Brantôme, en Dordogne, dans le Jura, 56 fusillés et 486 déportés en Haute-Savoie, écrasement du maquis des Glières (149 maquisards abattus ou morts en déportation).

– Et la masse des Français ?
– Le « Français moyen » était tourmenté par toutes sortes de peurs. Peur des représailles de l'occupant. Peur de la pénurie qui s'aggravait dans les villes, où le ravitaillement parvenait de moins en moins bien alors que les prix du marché noir explosaient (on payait le kilo de pommes de terre jusqu'à 22 francs, et le kilo de beurre, à Paris, jusqu'à 44 000 francs !). Peur encore de l'avenir politique, de la guerre civile. Peur surtout de vivre une seconde bataille

de France, comme le laissait prévoir la multiplication des bombardements. Car les Anglo-Saxons, doutant que les résistants mènent à bien tous les sabotages nécessaires à la réussite du débarquement, pilonnaient gares de triage, nœuds de communications ferroviaires et routières, n'épargnant pas la population civile. Après le Reich, la France fut le pays d'Europe de l'Ouest le plus bombardé, ce qui fit en quatre années entre 50 000 et 70 000 morts. En avril-mai 1944, les bombes alliées tuèrent 670 personnes à Paris, 800 à Rouen, 700 à Lyon, 1 100 à Saint-Étienne.

— *Et comment réagissait le gouvernement de Vichy ?*
— Lors du débarquement, Pétain adjura les Français de s'abstenir de toute participation à l'action de ceux qu'il continuait à considérer comme des « adversaires » de la France. Alors qu'il ne condamnait pas la mobilisation de la Milice armée aux côtés de l'occupant.

— *Alors ce débarquement ?*

— L'opération militaire sur les plages de Normandie, menée le 6 juin par des forces américaines, britanniques, canadiennes, fut une réussite. Mais ce ne fut que le début d'une libération longue et difficile. Et attention à l'image d'Épinal de ces jeunes femmes en robes d'été, juchées sur des chars de la 2ᵉ division blindée française dans Paris libéré !

Certes, pour qui vivait la fin de l'Occupation, le sentiment prédominant fut celui d'un profond soulagement. Stanley Hoffmann, un petit juif autrichien caché chez des enseignants, et qui est devenu un historien de renom, s'en est souvenu avec émotion : « Celui qui n'a pas vécu dans une ville ou dans un village de France les semaines qui ont immédiatement précédé et suivi la Libération, ne sait pas ce que c'est que la volupté d'être en vie à la fin d'une épreuve indicible, ni la joie d'être heureux au milieu de ceux avec qui on l'a surmontée, et fier de ses compagnons. »

Mais l'attente a pu durer sept mois dans cette France atomisée, redevenue champ de bataille. Bien sûr, 350 000 hommes, dont les deux tiers provenaient de l'Empire fran-çais, avaient réussi à débarquer le 15 août sur les côtes de Provence pour prendre en tenaille la Wehrmacht. Celle-ci, surclassée dans les airs, avait fini par reculer, mais en bon ordre. Et n'oublie pas qu'en décembre, Strasbourg demeurait à la merci d'une contre-attaque allemande…

Les résistants eurent leur part dans ces combats : ils furent surtout efficaces dans les quarante-huit heures qui suivirent le D Day, en gênant la Wehrmacht dans ses efforts pour acheminer des renforts qui rejetteraient les Alliés à la mer. Mais mili-tants et sympathisants, tous mobilisés sur l'ordre d'Eisenhower, le commandant en chef des forces alliées, se trouvèrent vite à découvert et subirent alors de lourdes pertes. Les Allemands, et pas seulement la SS comme on le dit souvent, fusillèrent ceux qu'ils tenaient pour des « francs-tireurs », tout en multipliant des représailles contre la population civile, violant, massacrant et même brûlant vifs dans une église femmes et enfants à Oradour sur-Glane.

— *Et de Gaulle ?*

— Lui qui était devenu, à Alger, le président du Gouvernement provisoire de la République française, a su s'imposer.

Vichy ne représentait pas pour lui un véritable problème : c'était devenu un gouvernement fantoche, dont l'occupant tirait les ficelles. Sans doute des maréchalistes continuaient-ils de soutenir Pétain, estimant même, à l'occasion, qu'il était de connivence avec de Gaulle. Mais en août, l'occupant emporta le Maréchal dans ses bagages jusque dans le Reich. Et l'administration de l'État français se délitait d'elle-même.

Il restait à de Gaulle deux sujets de préoccupations. D'abord, le fait que les Anglo-Saxons traitaient les responsables français comme des mineurs. Et puis, il n'était pas assuré de la réaction des Français eux-mêmes. Sans doute avait-il montré qu'il avait une tête politique, qu'il avait même l'étoffe d'un homme d'État capable de redonner son rang à la France. Mais il lui fallait prouver que lui, l'exilé, l'homme dont on ne connaissait en France que la voix à la BBC, avait la confiance de ses compatriotes. Le 14 juin, dans Bayeux libéré, il avait, certes, reçu un accueil plutôt chaleureux, mais cela ne suffisait pas.

    – *Que lui fallait-il ?*
    – Ce que la capitale allait lui offrir : une consécration populaire. Paris, le 19 août, s'était insurgé, comme Marseille, Lille, Thiers, Limoges allaient le faire. Le général Eisenhower accepta finalement de dépêcher une division américaine et la 2ᵉ DB, commandée par le général Leclerc, pour porter secours aux Parisiens. Et le 26 août, préférant, à un défilé militaire ordonné, la cohue populaire, de Gaulle descendit à pied les Champs-Élysées, sous les acclamations des Parisiens. Cette journée lui assura la légitimité qu'il estimait avoir acquise dès son Appel du 18 juin.

— *Avait-il un programme ?*

— Oui, si l'on en croit le discours flamboyant prononcé à Alger dès le 14 juillet 1943 : « S'il existe des Bastilles, qu'elles s'apprêtent de bon gré à ouvrir leurs portes. Car quand la lutte s'engage entre le peuple et la bastille, c'est toujours la Bastille qui finit par avoir tort. Mais c'est dans l'ordre que les Français entendent traiter leurs affaires et ne point sortir des guerres pour entrer dans les guerres civiles. » Et d'ajouter : « Uni pour la guerre, uni pour la rénovation, le peuple français l'est encore dans la volonté de reprendre dans le monde à la fois sa place et sa grandeur. » Tout était déjà dit, ou presque : l'indépendance, du changement, mais dans l'ordre.

— *Et ses projets, pour l'immédiat ?*

— D'abord, poursuivre la guerre aux côtés des Alliés, en engageant des divisions spécifiquement françaises.

— *Et en politique intérieure ?*

— Rétablir l'ordre, quitte à bousculer ceux des résistants — et pas seulement les communistes — qui en appelaient à la « révolution », un mot un peu passe-partout, mais qui exprimait l'aspiration d'alors à de profonds changements. Il voulait enfin restaurer la légalité républicaine. Or, environ 9 000 personnes, appartenant aux forces répressives, souvent des miliciens, profondément haïs pour les crimes dont ils s'étaient rendus coupables, furent exécutés par des résistants, surtout pendant les combats de la Libération. Mais même ensuite, on continua de s'affronter dans certaines régions. Et quelque 20 000 femmes furent publiquement tondues pour avoir eu des relations sexuelles avec des soldats ennemis.

Il fallait donc gérer, comme dans tous les pays de l'Europe occupée, l'épuration, autrement dit la façon de juger et sanctionner toutes les formes de connivence avec l'occupant. L'épuration proprement légale, sans laxisme, entraîna l'exécution de 1 483 condamnés pour intelligence avec

114

l'ennemi, la condamnation à des peines de travaux forcés et d'emprisonnement de 46 929 inculpés en Cour de Justice, de 95 252 en chambre civique, et de 50 000 condamnés à l'indignité nationale.

Les vaincus de la Libération allaient violemment contester l'épuration, surtout extra-légale, en la dénonçant comme une première manifestation de la guerre civile fomentée par les communistes.

– Alors ? Y a-t-il eu finalement guerre civile ?
– Non. Il n'y eut pas, comme en Grèce ou en Yougoslavie, d'affrontements sanglants entre communistes et non-communistes. Le retour à la « légalité républicaine », comme on disait alors, se fit en France sans trop de heurts politiques. L'une des raisons en fut que Staline, pour hâter la chute du nazisme, son objectif prioritaire, ne voulut pas, alors que l'Armée rouge contrôlait en grande partie l'Europe de l'Est, rompre, à propos de l'Europe de l'Ouest, la « Grande Alliance » qui avait été scellée entre Soviétiques et Anglo-Saxons. Certes, le parti communiste

était tenté de jouer du poids qu'il avait acquis au cours des derniers mois de l'Occupation, grâce au développement de son propre mouvement, le Front national, et l'activisme de ses militants en armes, les FTP (Francs-Tireurs et Partisans). Mais il reçut l'ordre de Staline de respecter le compromis passé entre le « parti de la classe ouvrière » et les forces « bourgeoises patriotes », avant tout les gaullistes. Ce qui se fit, malgré quelques tiraillements.

— *Donc, on a facilement tourné la page de l'Occupation ?*
— Non. Il était impossible de mettre d'un coup entre parenthèses le traumatisme issu de la déroute et l'humiliation d'une occupation aussi débilitante qu'insupportable.

— *Et comment en écrire l'histoire ?*
— L'historien n'est ni avocat, ni procureur. Il cherche à donner à comprendre. Sa démarche se veut scientifique. Mais il n'en néglige pas pour autant la mémoire, souvent plurielle, car elle est celle de groupes

d'appartenance différente. Dans la mémoire, le passé est vécu de manière affective, sélective, souvent partiale. La mémoire est défensive quand elle veut redresser une image jugée erronée ou malveillante ; offensive, elle revendique sa place dans la mémoire commune – voire officielle.

– Et il y a eu des représentations différentes de la France occupée ?

– Oui. Contrastées, même. Suivons l'historien Robert Frank. La mémoire des prisonniers de guerre, accusés à leur retour d'avoir été les soldats de la déroute de 1940, s'est, dit-il, repliée sur elle-même. Celle des déportés, surtout celle des déportés raciaux, qui avaient vécu un enfer que les Français étaient incapables d'entendre, en est restée blessée. Celle des requis du STO, auxquels a été refusé le titre de « déportés du travail » (ils furent officiellement des « victimes du travail forcé en Allemagne nazie ») demeure amère. Celle des pétainistes a brodé autour du thème du bouclier qu'aurait été le Maréchal, affirmant qu'il avait évité le pire, et même pratiqué l'entente secrète avec de Gaulle.

Enfin, la mémoire « héroïque » des résistants a joué un rôle moteur. Et on s'explique que deux forces politiques majeures aient pu en disputer l'héritage, affirmant chacune avoir joué un rôle déterminant dans le combat mené contre l'occupant : les gaullistes glorifiant l'homme du 18 juin, les communistes exaltant le rôle du « parti de la classe ouvrière », « le parti des 75 000 fusillés ». Un chiffre excessif, même s'il est incontestable que le PCF clandestin a perdu beaucoup des siens au cours des années noires. Or, depuis une vingtaine d'années, tandis que les références à l'homme du 18 juin se multiplient, la mémoire communiste a cédé du terrain, surtout depuis la chute du mur de Berlin en 1989.

— *Cette mémoire de l'Occupation est donc liée à la politique ?*

— Oui, en tout cas en France. Et, on peut établir une certaine corrélation entre l'évolution des mémoires et celle des débats politiques français, voire internationaux. Avec l'avènement de la guerre froide, en 1947, la rupture entre communistes et gaullistes profite aux anciens vichystes : ils opposent le « bon Vichy », celui de Pétain, qui, entre 1940 et 1942, aurait su en imposer à l'occupant, au mauvais Vichy, celui de Laval, l'homme de la collaboration. Avec le retour au pouvoir de Charles de Gaulle en 1958, le souvenir de Vichy est refoulé, l'action du chef de la France Libre exaltée : en plaçant les cendres de Jean Moulin au Panthéon en décembre 1964, on célèbre sans doute le « héros de la Résistance », mais plus encore le délégué de Charles de Gaulle. Les années soixante-dix, celles qui ont suivi la mort du général de Gaulle, suscitèrent une relecture de cette période : c'est la « mode rétro ». Le film de Marcel Ophuls, *Le Chagrin et la Pitié*, chronique d'une ville sous l'Occupation, donne une image peu reluisante des Français : individualistes, veules, ne songeant qu'à leur estomac, oubliant ensuite rapidement ce qu'avait été l'Occupation. On y voit ainsi deux enseignants interviewés dans leur lycée sous une plaque portant entre autres les noms de deux de leurs élèves fusillés : ils semblent tout ignorer de ces drames.

– Il y a eu d'autres remises en question ?
– Retiens surtout celle menée dans les années quatre-vingt-dix par les responsables d'associations juives qui travaillèrent à intégrer dans la mémoire nationale les persécutions et les déportations des juifs de France, trop longtemps passées sous silence. En 1995, le président de la République, Jacques Chirac, reconnut pour la première fois la responsabilité de la France. C'était réparer une injustice de la mémoire, même si la complicité des autorités de Vichy ne saurait faire oublier que l'occupant était bien l'ordonnateur, en France comme ailleurs, de la « solution finale ».

– Est-ce qu'on continue aujourd'hui à se référer à ces années ?
– Oui. Et je m'en félicite, car cela oblige à réfléchir à des choix d'alors qui furent

difficiles. Reste qu'on peut critiquer la façon dont les politiques s'y intéressent parfois. Certes, on apprécie que les archives « déclassifiées » s'ouvrent aux consultations de tout un chacun ; mais on peut s'inquiéter aussi de l'utilisation parfois discutable qui est faite de la mémoire de cette période. Nous sommes un certain nombre d'historiens à critiquer, par exemple, la façon dont on avait demandé de lire dans les classes la lettre d'un jeune fusillé de 17 ans, en jouant sur l'émotion, sans aucune analyse.

– *Et comment se souvient-on aujourd'hui de l'occupant ?*
– Dans certains villages, voire certaines villes, la mémoire des massacres est restée vivante. Mais, pour autant, c'est sans problème que ton collège envoie ta classe dans des familles à Hambourg. Car au niveau national, le « couple franco-allemand » a fini par imposer sa légitime prétention à rapprocher les deux peuples autrefois ennemis.

Mais retiens, à ce propos, que dès l'époque de l'Occupation, certains résistants invitaient à ne pas détruire la nation allemande quand celle-ci serait vaincue. Et j'ai envie, pour terminer, de te lire ces quelques lignes d'un intellectuel résistant, Albert Camus, extraites de l'une des quatre *Lettres à un ami allemand* rédigées en 1943 et 1944 dans la clandestinité, et publiées en 1945. Dans ces très beaux textes, il réfléchissait aux raisons de son engagement et aux causes du déchaînement de la barbarie nazie. Après avoir affirmé en 1943 qu'il y avait des moments qui exigeaient que l'on choisisse, il en arrivait, en juillet 1944, à adresser aux Allemands cette phrase que je trouve si forte : « Je puis vous dire qu'au moment même où nous allons vous détruire sans pitié, nous sommes cependant sans haine contre vous […]. Nous voulons vous détruire dans votre puissance sans vous mutiler dans votre âme. »

POUR EN SAVOIR PLUS

Une recension quasi exhaustive des contraintes qui pesaient sur la vie quotidienne des occupés : Dominique Veillon, *Vivre et survivre en France 1939-1947*, Payot, 1995.

Une analyse idéologique, politique, du fonctionnement de la France occupée : Philippe Burrin, *La France à l'heure allemande*, Le Seuil, 1995.

Une bonne mise au point : Julian Jackson, *La France sous l'Occupation 1940-1944*, Flammarion, 2004.

Une étude régionale : Étienne Dejonghe et Yves Le Maner, *Le Nord-Pas-de-Calais dans la main allemande 1940-1944*, La Voix du Nord, 1999.

Un atlas historique très bien informé, avec une bonne chronologie : Jean-Luc Leleu, Françoise Passera, Jean Quellien, Michel Daeffler, *La France pendant la Seconde Guerre mondiale*, Fayard, 2010.

Du même auteur

Les Communards
(en collaboration avec Michel Winock)
Seuil, 1964
éd. revue et complétée en 1971

Naissance et Mort de la IIIe République
(en collaboration avec Michel Winock)
Calmann-Lévy, 1970 ; éd. revue et complétée en 1976
rééd. sous le titre La Troisième République
Le livre de poche, « Pluriel », 1978 ; rééd. 1986

Journal du septennat de Vincent Auriol
(1947-1954)
(version intégrale introduite et annotée du tome II)
Colin, 1974

La Collaboration
(1940-1944)
PUF, 1975

De Munich à la Libération
Seuil, « Points Histoire » n° 114, 1979 et 2002

1940, l'année terrible
Seuil, « XXe siècle », 1990

Les Libérations de la France
(en collaboration avec O. Wieviorka)
La Martinière, 1993

Vichy, 1940–1944
(en collaboration avec O. Wieviorka)
Perrin, 1997 et « Tempus », 2004

6 juin 44
(en collaboration avec Robert O. Paxton et Philippe Burrin)
Perrin/Le Mémorial de Caen, 2004, « Tempus », 2008

Jean Moulin
Le politique, le rebelle, le résistant
Perrin, « Tempus », 2006

1940, l'année noire
Fayard/Seuil, 2010

DIRECTION D'OUVRAGES

Le Parti communiste des années sombres
(1938-1941)
(co-direction avec Jean-Pierre Rioux et Antoine Prost)
Seuil, « L'Univers historique », 1986

Les Communistes français
De Munich à Châteaubriant, 1938-1941
(co-direction avec Jean-Pierre Rioux et Antoine Prost)
Presses de la Fondation nationale
des sciences politiques, 1987

Vichy et les Français
(co-direction avec François Bédarida)
Fayard, 1992

Biography of the Bride

The Divine Union between Christ and His Church

BY ALI JOHNSON

authorHOUSE®

AuthorHouse™
1663 Liberty Drive
Bloomington, IN 47403
www.authorhouse.com
Phone: 1-800-839-8640

First published by AuthorHouse 8/25/2009

ISBN: 978-1-4389-7498-9 (sc)
ISBN: 978-1-4490-0706-5 (hc)

Printed in the United States of America
Bloomington, Indiana

This book is printed on acid-free paper.

Acknowledgments

I would like to say a special thanks to those who supported me in this holy adventure. You all have helped me put my thoughts and inspirations correctly on paper. I could not have done this without you.

To my husband, Terry Johnson, you gave me the gift of your grammar skills, editing, and especially your devotion.

To Laurie Pemberton and Julie Sundquist, for your wonderful advice and suggestions, your friendship is near and dear to my heart.

To my grandsons, Zachary and AJ Dorn, for all the time spent typing for me.

To my children, Sunny, Joe, and Amanda, for your constant support and encouragement, it is priceless. Thank you, Sunny, for your input on chapter arrangements as well.

To Cindy Ross, for your helping me tie up a few loose ends, you truly are a treasure.

To my Bible Study/Care Group, for your prayers, love, and kindness, I wouldn't want to be without your friendships.

Most of all, to my Beloved Savior, Jesus Christ, for choosing the simple things of this life to confound the wise; your loving kindness stretches to the heavens.

All scripture in King James Version.

Contents

Introduction

Love shared between a man and woman finds its greatest fulfillment in wedded love. The courtship, the wooing, and even the heartaches all contribute to the becoming of one as declared in Genesis 2:24: "Therefore shall a man leave his father and his mother, and shall cleave unto his wife: and they shall be one flesh." This is a relationship of mutual submission, one to another, a beautiful reflection of Christ and His Bride, the Church. As we look into the life of the Bride of Christ, we see the sacrifice of the Bridegroom King willingly giving His life for her while making a declaration of love.

"And the Lord God said, It is not good that the man should be alone; I will make him an help meet for him" (Genesis 2:18). Rather than getting right down to the making of Adam's helper; God created all the animals first (Genesis 2:19). Adam was brought into the classroom of God so he could see the need he had that only God could fulfill. A need Adam himself wasn't initially aware of. The creating of woman was absolutely essential to the plan of God and the continuation of mankind. It wasn't until Adam saw the animals paired that he realized his aloneness. Then and only then did God create Eve. They were perfectly suited for one another right from the very beginning. In every way, they were matched mentally, spiritually, emotionally, and physically, a partner of God's own design. Adam was lovesick over Eve to such an extreme he eventually put her before God: "….she took of the fruit thereof, and did eat, and gave also unto her husband with her; *and he did eat*" (Genesis 3:6). All she did, without a word spoken, was hand him the fruit. Not hesitating for one minute, he did what she wanted and ate, disobeying God. Since then, man has been working hard to correct this by pulling away from woman and ruling over her, while the woman is still doing everything she can to attract the man and restore the Garden love she once held and longed for. How mixed up things have gotten.

According to Genesis 1:26-27, "And God said, Let us make man in our image, after our likeness: and let them have dominion over the fish of the sea, and over the fowl of the air, and over the cattle, and over all the earth, and over every creeping thing that creepeth upon the earth. So God created man in his own image, in the image of God created he him; male and female created he them." Equally yoked, both having dominion over the earth, never ever was one to rule over the other.

All attributes of the Triune God in man, both male and female, just as He is One, each giving honor to the other. This Triune God, is three Persons in one, each having their special place and work, never overstepping the other and always in full agreement. God the Father, is the invisible God and Author of all. God the Son became flesh, and is the brightness of His glory and the express image of His person (Hebrews 1:3). God the Holy Spirit is the indwelling God, the power and presence that dwells in mankind (1 Corinthians 3:16), the heart of God woven in perfect unity. This was the picture in the beginning. Our freedom in Christ takes us back to Genesis 1, where we are restored to the Garden life in our hearts. The curse of Genesis 2 was forever removed by the second Adam at Calvary. We have been taken from death to life complete in Him once again.

The devastation of the fall in the Garden of Eden brought a cascade of false doctrines, beliefs, and practices. As the life of the Bride unfolds before us, we will be delighted to discover the glorious life Christ has provided for us through His life, death, and resurrection. We will clearly see through scripture how the Holy Bridegroom held nothing back, freely gave, and is still giving His all. Jesus is coming back, not for a bunch of little brides, but *one Bride* with *one mind* and *one desire*: that of having the first commandment first placed in our hearts. When we are able to grasp how His heart is ravished by even a glance from us, we will be filled with extravagant love for our Bridegroom King (Song of Solomon 4:9). As we begin to fix our gaze upon Him, we will become positively lovesick (Song of Solomon 2:5). Joy will flow in like a river when discovering the beauty and value the Bridegroom has for His Bride. Learning more about her, we know more about ourselves and find a life of complete fulfillment in Christ.

Judgment

When sin found its entrance, the intimate relationship between God and man was severed. At that moment, Adam and Eve suffered spiritual death and eventually physical death. Looking at the punishment for their disobedience, we will see that the curse of sin remains with each subsequent generation until it is wiped away through the Cross of Christ. He became our curse (Galatians 3:13) so we would not have to suffer an eternal death.

"And the Lord God said unto the serpent, Because thou hast done this, thou art cursed above all cattle, and above every beast of the field; upon thy belly shalt thou go, and dust shalt thou eat all the days of thy life, And I will put enmity between thee and the woman, and between thy seed and her seed; It shall bruise thy head, and thou shalt bruise his heel" (Genesis 3:14-15). To Eve, God said, ".....I will greatly multiply thy sorrow thou shalt bring forth children; and thy desire shall be to thy husband, and he shall rule over thee" (Genesis 3:16). Finally to Adam, God declared, "Because thou hast hearkened unto the voice of thy wife, and hast eaten of the tree, of which I commanded thee, saying, Thou shalt not eat of it: cursed is the ground for thy sake; in sorrow shalt thou eat of it all the days of thy life…" (Genesis 3:17-19).

When examining this portion of scripture in Genesis 3:16-19, God is speaking to the now fallen man and woman. The self-life was born in the Garden that day because of mankind's disobedience to the command of God. Christ gave us power over this self-life through the cross. We are given the first prophetic promise of hope in Genesis 3:15, where it is declared, Christ would triumph over Satan. The woman's seed was to crush the devil's head, making all things subject to the authority of God. Scripture also reveals there will be enmity between the woman and the serpent (Genesis 3:15). We see this more clearly as we peer into the pages of history and reflect on the abuse women have taken ever since the fall of mankind. Satan's disdain for her is obvious, as she symbolized the Church of God as a whole and became the avenue through which our Savior was born. Jesus brings reconciliation between God and man once again. This is the place where the power struggle between man and woman melts into oneness, back to their original state, reconciling them in the presence of God. The second Adam was so in love with His Eve (the Church) that no price was too great to redeem her from the hands of the enemy.

Marriage: One Man—One Woman

What was God's design for marriage from the beginning? Did he not take only one rib from Adam for the creation of Eve? He said in Genesis 2:24, "Therefore shall a man leave his father and mother, shall cleave unto his wife; and they shall be one flesh." God did not use the word "wives" here. So when did "wives" come into the picture? The very first to practice this was Lamech, an ancestor of Cain. In Genesis 4:19, the Bible states he took for himself two wives. This was just the beginning of a blatant violation of God's marital law of one man and one woman. In order for Lamech to keep his wives in this unheard-of relationship, he used great boasting, coupled with fear. He said (Genesis 4:23), "….Adah and Zillah, Hear my voice; ye wives of Lamech, hearken unto my speech: for I have slain a man to my wounding and a young man to my hurt."

Lamech stated his name for the purpose of declaring his authority. He orchestrated a damaging use of religion to lead these women to gain ultimate control and then presented God as a seal of approval for his actions, "If Cain shall be avenged sevenfold, truly Lamech, seventy and sevenfold" (Genesis 4:24). In other words, he was telling the two women if you leave or hurt me, not only will you face my wrath, but God will get you in the end as well. Fear was the knot that tied them together.

Jesus revealed the heart of God about marriage when He said, "Wherefore they are no more twain, but one flesh" (Matthew 19:6). No other relationship on earth can be more sacred. Our whole Christian life depends on our understanding of the marriage principle. If we fully comprehend and accept the natural law of marriage, we will have a very clear picture of the divine marriage. One man for one woman; no other combination will do. It is not only the design of God, but it is His own work that we are in Christ (John 1:12-13). Right from the beginning of time, before the foundation of the world, this Holy union was ordained: one bride for one husband (Genesis 1:27). The Daughter of God for the Son of God, given in marriage by the infinite Father, knitted together by the Holy Spirit.

The more we give ourselves to Him, our Holy Bridegroom, the more He gives Himself to us. We find we can have as much or as little as we desire. He promises that if we draw near to Him, He will draw near to us (James 4:8). As our hearts are united by the bonding of the Holy Spirit, we are filled with the same love the Father has for the Son. This very love is how the Son loves us (John 15:9).

Prayer

Lord, show us that it is your very own life you impart as we become one with you. Teach us what it means to abide. This most intimate act of obedience would make it impossible for us to seek, even for a minute, a life apart from you. Deepen within us the sense of this Holy union. Reveal to us the revelation of this mystery and all the love and power it avails to us.

Marriage and the Humility of Christ

There is a natural body and there is a spiritual body (I Corinthians 15:44). "There are also celestial bodies, and bodies terrestrial, but the glory of the celestial is one, and the glory of the terrestrial is another (I Corinthians 15:40). There is a natural or fleshly marriage between a man and a woman. The man shall leave his father and mother and cleave unto his wife; the two shall be one flesh (Genesis 2:24 and Ephesians 5:31). This natural union is a picture and a foreshadowing of the supernatural union in the spirit life between Christ and His Church. "That which is born of the flesh is flesh; and that which is born of the Spirit is spirit" (John 3:6), both holy yet distinctly separate. God in His wisdom set in place different roles in the natural marriage using the heavenly union as a pattern. This can be an extremely sensitive subject for women since they have felt, for the most part, the lesser of the two sexes. What did Paul mean when he said, "But I would have you know, that the head of every man is Christ; and the head of woman is the man; and the head of Christ is God" (I Corinthians 11:3)? The very word "head" has caused a great divide in our churches and brought about much debate. The original Greek word for "head" is "kephale." There are two preeminent interpretations of this word in this passage of scripture. To some it has come to mean *authority over* and they have based their whole church administrative offices and fivefold ministry (Ephesians 4:11) around that interpretation. This group believes that a woman is not any less important than a man, just different from him, thus divinely giving a man authority over a woman at home as well as in the church. The contrary concept fervently presents scriptural references to solidify the doctrine of the word "head" means *source*. God is the *source* of Christ (John17:8), Christ is the *source* of man (Acts 17:28), and finally, man is the *source* of woman (Genesis 2:22). These scholars feel the correct interpretation for the word "kephale" is *source* in this particular instance.

When listening in on the debate, it is difficult not to be swayed in either direction. Both sides seem compelling, do they not? Who or what are we to believe? The latter seems to set women free from the Law (Romans 7:6), the former keeps them bound to it (I Corinthians 14:34). "For Christ is the end of the law for righteousness to everyone who believeth" (Romans 10:4). There is a fine line dividing these two definitions, but with significant consequences. For example, in today's use of the word "fast," one instance it means "to hold tight" and in another context it means entirely the opposite: "to go quickly."

Can it please the heart of our Bridegroom King to debate the meaning of one word (II Timothy 2:14)? He has come to set us free. He is our *Head*; He is our *Source*. When operating in the body of Christ, He is our only "Head" (Colossians 1:18). He is jealous over the affections of His Bride. We are betrothed to *one Husband* (II Corinthians 11:2). When a person has the place of leadership (Ephesians 4:11) in our churches simply because of gender, then the Church has literally been placed in an adulterous position. We, male and female alike, are the Bride. In this heavenly union, there is neither male nor female (Galatians 3:28), we are one body in Christ Jesus, who is not a respecter of persons (Acts 10:34). Only He has the right to the position of headship regarding His Church (Ephesians 1:22-23). When biases of any sort make their way into our pulpits, into our classrooms, or into the mission field, we unknowingly have exalted the old life of self and stand on the very thing from which the cross has set us free. This Beloved is the sin of religious pride (Proverbs 16:18) and grieves the heart of God.

In the spiritual marriage, there are roles and responsibilities to help maintain holy order, yet unlike the natural marriage, these roles are not based on gender but on a divine call of the Potter's choice (Romans 9:20-21). We are called to be servants of all (Matthew 20:27), just as our Savior (Philippians 2:7). With proper interpretation, the question of headship would be fully understood. We can walk in this kind of humility if we would keep our eyes on our heavenly Bridegroom and study the pattern of His walk and life of humility.

A Sinless Savior

Through a woman came the first sin; it was also a woman who birthed the Redeemer who washed sin away. Matthew 1:20-21 says, "....thou shalt call his name Jesus: for he shall save his people from their sins." Jesus became the Holy sacrifice, sinless and perfect. How could Christ be born sinless, since He had a mortal mother? In our human reproductive system, it is the man's seed that is a living organism; it fights for survival by swimming to the female seed/egg. It only knows it has to be the one to connect in order to ensure survival. It is through one live seed that sin is passed down from one generation to the next.

The Holy Spirit overshadowed Mary's (Luke 1:35) human egg containing the DNA of mankind, without the living seed of the male human. The result: a sinless birth, pure Deity in human form coming from the Bosom of the Father to be from the seed of a woman (John 1.13). We stand back, dazed at such a gift, speechless to witness His profound humility as Deity willingly makes Himself a little lower than the angels (Hebrews 2:9).

He grew up before us as a tender plant (Isaiah 53:2). At the age of twelve, He was clear of His purpose. He innately knew who His father was (Luke 2:49). Yet, "He was in the world, and the world was made by him, and the world knew him not. He came unto his own, and His own received him not" (John 1:10-11). Scripture tells us He grew in wisdom and stature (Luke 2:52). He was the Word before the foundation of the world, became flesh and dwelt among us (John 1:14). "Jesus therefore, knowing all things that should come upon him..." (John 18:4), reveals to us He knew exactly what Isaiah 53 said and the path that lay ahead for Him. The hardest thing for us to possibly understand is that He was "...smitten of God..." (Isaiah 53:4). Some believe Romans or Jewish leaders of that day were responsible for the crucifixion, but scripture clearly tells us it was God Himself who took full claim for this unimaginable event. He said, "Yet it pleased the Lord to bruise him; he hath put him to grief..." (Isaiah 53:10).

Before the fall in the Garden of Eden, both male and female shared mutual love and walked with God, scripture says, "...in the cool of the day..." (Genesis 3:8), sharing a divine fellowship.

When Eve succumbed to the craftiness of the devil, she became guilty of what I will call *Unintentional*, the first transgression/sin. She then handed the forbidden fruit to her husband, Adam, standing right there beside her (Genesis 3:6). As he partook, just as his wife, he became guilty of the second sin, *Intentional*. Both made up the whole of sin, bringing forth death (James 1:15).

Mankind lost their status the moment they choose to rebel. In the Old Testament, God ordered the Israelites, when in battle, to wipe out whole nations. It's hard to understand how a holy God could wipe out whole people-groups, but when He looked at them, all He could see was sin. Other nations served false gods, usually made by their own hands, and did not believe in blood atonement for sin. From the time of Cain and Abel, mankind knew sin could only be covered by a blood sacrifice. These different people-tribes refused the God of Israel and His atonement requirements. Through the wickedness of his heart, Cain slew his brother, Abel. His jealousy and rebellion made Abel the first martyr for the blood sacrifice.

The shedding of the blood of sheep and goats did not please the heart of God (Hebrews 10:4-6). Though animals are sinless, their blood could only cover sins temporarily and could not give eternal life and complete forgiveness. The blood of animals had no atoning power, it could only act temporarily. Christ's blood, sinless in every way, brought eternal forgiveness, not just covering sin but wiping it completely away (Colossians 2:13-15).

The Beauty of Humility

Jesus' example of washing His disciple's feet perfectly modeled the greatest humility. Only the poorest and lowliest of servants in the ancient community washed the feet of others. Jesus shocked all those around Him, as evidenced by Peter's exclamation, "Thou shalt never wash my feet." (John 13:8a). To Peter's surprise, Jesus answered, "If I wash thee not, thou hast no part with me" (John 13:8b). Jesus painted such a vivid picture in the minds of His disciples that it still marks us to this day. Without the full cleansing work of redemption at the moment of salvation, the disciples could not have any place with Him.

Jesus stated, "He that is washed needeth not save to wash his feet, but is clean every whit..." (John 13:10). We are completely cleansed when we are born again, and this need not be repeated. Repentance, renewal, restoration, and growth are ways we experience continual cleansing, ultimately contributing to an abiding heart. This valuable example also teaches another lesson on humility. The greatest among us is to be the servant of all (Luke 22:26). The example Jesus demonstrated for us in the washing of feet showed us how to humble ourselves before our beloved brothers and sisters, honoring them, and wiping away selfish pride.

In John 13:18, Jesus explained there would be one of His own who would betray Him, "He that eateth bread with me hath lifted up his heel against me." What fitting language to express betrayal since He had just finished washing the feet of His disciples, *including* Judas. Every opportunity was given to Judas to change his mind. Jesus said, "Verily, verily, I say unto you, that one of you shall betray me" (John 13:21). Judas at this point realized Jesus knew of his intentions, but still chose to rebel. When sitting at the table, Jesus dipped His bread into the bowl and handed it to Judas, signifying a close personal friendship. It was Judas who chose betrayal. After receiving the bread from Jesus, the Bread of Life, he gave himself over to Satan. Judas himself chose Death over Life.

Very few were aware of what was happening around the table that night. No one questioned Judas's abrupt departure; he would not have been suspected of anything out of the ordinary. He was their valued and trusted treasurer. It was Jewish tradition to purchase the necessary Passover items for the poor so all would be able to participate in the celebration (John 13:29). It couldn't have been more natural for Judas to be the one to leave at that moment so he could represent their group and tend to this matter for them.

Scripture informs us that "...and it was night" (John 13:30). This is significant information because it implies more than the evening hour. We have come to understand that the darkness of the hour was upon them. There was a traitor in the group who had rejected Christ and had given Satan free access. Judas truly thought Jesus would not be harmed (Mark 14:44), that the choice he made to betray his Raboni was harmless. It wasn't long before he could see how very deceived he had been and could not live with his own decision (Matthew 27:5).

What kind of choices are we making? If we are to walk in true humility, we must make the same kind of choices Jesus made while walking out His life here on earth. He emptied Himself by taking on the form of a servant (Philippians 2:7). We must do the same: "But he that is greatest among you shall be your servant" (Matthew 23:11). He was obedient by choice in every area of His life even unto death (Philippians 2:8). We are to take up our cross, too, and follow Him (Luke 9:23). He was, and is, and is to come, the beauty of true humility embodied in human form (Colossians 2:9). In the midst of heaven arrayed in all meekness and gentleness, He remains forever the Lamb of God, our humble Bridegroom King.

The Cross and the Passover Lamb

When discussing the Passover Lamb, no other animal could have depicted Jesus more appropriately. The lamb is naturally harmless, gentle, and innocent. When studying Exodus 12, we learn the sacrificial lamb must be without blemish. The slightest imperfection and it would be rejected by the priest. Examining the life of Christ, God's Lamb, we see an unblemished, holy life. He was in all points tempted as we are, but without sin (Hebrews 4:15), a pure conception, begotten by the Holy Spirit, born of a virgin, "...in him is no sin" (I John 3:5). The Lamb, in the prime of His manhood, exists as the Lamb of the first year, as the Law required. In Exodus 12:3-6, the command was to separate the lamb from the rest of the flock for a total of four days. It had to be placed under close scrutiny to insure a spotless sacrifice. When reflecting on this fact, it is incredible to observe the similarities between Christ's last days before and during crucifixion and the lamb in Exodus.

He rode on a donkey through the streets of Jerusalem, proclaimed as King in triumphant entry, completely set apart and distinct from all mankind. Jesus officially presented Himself as the Messiah King (John

12:14-15). As we look in the synoptic gospels, we see one remarkable event after another during the last week of the Messiah's life, the bleating Lamb. Chosen one of God, slain before the foundation of the world (Revelation 13:8), now separated out, scrutinized by Pharisees, Sadducees, soldiers, commoners, and everyone in between. "Never man spake like this man" (John 7:46). Even Pilate declared three times, "I find in him no fault at all" (John 18:38, 19:4, 19:6). He is the Lamb without spot or wrinkle, one of God's own choosing.

There would be no Bridal story without the blood of the Passover Lamb. His blood began to flow in the Garden of Gethsemane, where we see the Lamb of God in deep anguished sweat, like great drops of blood (Luke 22:44), a rare and very dangerous phenomena called hematidrosis. In this condition, subcutaneous capillaries engorge, and then burst due to enormous pressure, forcing blood and sweat through the skin pores. Jesus said His soul was exceedingly sorrowful even unto death (Matthew 26:38). He began to shed His holy blood right there in the garden, saying, *yes* to the will of God: "...nevertheless not my will, but thine, be done" (Luke 22:42). The water and blood are always flowing together, never one without the other, the Blood and the Spirit: a perpetual stream flowing with the purpose to take away sin, conquer death, and redeem His Bride. That same blood flowed, not because of a bloodthirsty, sadistic mob. They became angrier and angrier because God's choice Lamb supernaturally did not pass out due to their brutality. He willingly chose to lay down His life: "Greater love hath no man than this, that a man lay down his life for his friends" (John 15:13). A crown of thorns ruthlessly pierced the Savior's brow so mankind can wear a crown of righteousness laid up for him (II Timothy 4:8). Blood soaked hair and beard as the redeeming blood gushed down His cheeks. The thorns and thistles that hedge itself around our minds by the enemy of our souls lost all power that day as it was covered in blood, His holy blood. No longer can addictions and fear keep us bound when we are bathed in this blood. Fixing our thoughts on Him produces a sound mind (II Timothy 1:7). The curse the earth received because of man's disobedience (Genesis 3:17-18) was now being paid for as well, for He wore the curse of the thorns on His own brow. All heaven and earth redeemed by the holy blood of the perfect sacrifice.

Not one bone was broken, fulfilling Psalms 34:20 (see Exodus 12:46 and Numbers 9:12). He was roasted in the furnace of affliction. He died, having His hands and feet pierced, just as an animal over an open fire, always and forever satisfying the heart of God, paying the penalty for the remission of sin. It usually took a man a day or two to die in this manner, but because of the brutal beating He received, it only took six hours. The greatest demonstration of His love for His Church, His beloved Bride, was during the last four days of His life. The Lamb of God who takes away the sins of the world (John 1:29), it was His blood that was poured out on the altar of the cross and covered the ground below. In Jewish tradition, the high priest poured the blood over the wooden altar of God; this we've come to know is a representation of the blood poured out at the foot of the wooden cross in a temple called Calvary. He now has changed the earthly temple to one made without hands: "...behold, all things are become new" (II Corinthians 5:17).

The Darkness

The Lamb's own body, the First Fruit of God (I Corinthians 15:23), was now crushed under the pressure of the hand of the Father; Jesus willingly submitted Himself to the discipline of God. The darkness could be nothing less than supernatural following the light of midday. We must logically rule out an eclipse, since this phenomenon lasts only minutes, whereas the grave darkness experienced at the time of the cross lasted three hours. All of heaven hushed during this most solemn time. The Light was removed from the sun as sin now laid heavily on the Sun of Righteousness (Malachi 4:2). "And it shall come to pass in that day, saith the Lord God, that I will cause the sun go down at noon, and I will darken the earth in the clear day" (Amos 8:9). It appeared for the first time in all of eternity, *Darkness* had overcome *Light*. As difficult as it is to understand, this darkness was a mysterious shield to all God's children, as we were spared the most gruesome details. Because of the righteousness of God, He was forced to turn His face from His only Begotten Son. Although God had to do this, in no way did He withdraw His love, "Thou art my beloved Son; in thee I am well pleased" (Luke

3:22). He was God's Beloved throughout all time and eternity. God's love never ceases (I Corinthians 13:8).

At the stroke of three, when the sacrifices were to begin in the Jewish temple, Jesus Christ cried out, "It is finished" (John 19:30). "He shall see the travail of his soul, and be satisfied" (Isaiah 53:11). "He hath poured out his soul unto death: and he was numbered with the transgressors; and he bare the sin of many..." (Isaiah 53:12). When some heard His cry, they couldn't comprehend, they thought He called out to Elias (Matthew 27:47). Yet nowhere in history is recorded a declaration filled with more relief than this. It was a job well done, nothing left out, perfect and complete.

Have you ever been in a place where you wondered where God went? I remember a time I was so broken-hearted all I could do was breathe, and if that wasn't on *autopilot*, I wouldn't have had the strength to do that. I was walking in the shadow of death, yet not forsaken. In that moment when I despaired even of life, I reached over and opened my Bible. The scripture unfolded before my eyes, like a Divine hand turned the pages to say, "The Lord is nigh unto them that are of a broken heart; and saveth such as be of a contrite spirit" (Psalms 34:18). I understood I was not alone. There in my deepest sorrow, He stretched out His arms and embraced me, and I, by faith, embraced Him back. Instantly, comfort filled my soul, and I knew I could go on living. God's word gave me hope and a new measure of peace I didn't have just seconds before.

In the ninth hour, out of utter darkness, Jesus cried out, "My God, my God, why hast thou forsaken me?"(Matthew 27:46). Where was His hope? How was He comforted? It seems I could endure an enormous amount of pain as long as I had God to turn to for strength and comfort. My faith would be too feeble to stand alone if it weren't for prayer. It would appear on the surface as if Jesus lost all hope, or did

He? In His deepest anguish, He cried out, "My God, my God." This declaration stated not once but twice, revealed a faith not forgotten for one moment. Although His body was in the very shadow of death, His mind never was. He quietly endured the torture He was subjected to, never a complaint, not even one uttered word.

It is not God's way to forsake His children in their hour of death or in times of grief, but did He forsake His only Son during His greatest hour of need? Before this moment, Jesus had constant fellowship with His Father. He stated, "Thou hearest me always" (John 11:42). Now it appeared all ties with the Infinite Father were severed. Although He lived a sinless life, in that very dark moment in time, He could not find God. Now we witness God the Son standing, not directly in front of God the Father, always in His gaze as before, but rather behind Him in darkness. God the Father in all His holiness could not look upon sin. The gaze of God painfully removed from Him. He surrendered Himself completely to the perfect will of God the Father to be left by Him. Although there was the appearance of abandonment, His faith remained intact, faith in the heart of "the man" (John 19:5). What awesome power, what strength is given to all those who believe (Philippians 4:13). Our Lord's love for the written word was obvious in life and now in death on a tortured cross. He quotes from Psalms 22:1: "My God, my God …." He was not arguing His case before God by questioning Him, but on the contrary, He was calling out to Him with all the strength He could express. His human body was being crushed as grapes on the vine, and then poured out as wine on the altar of the cross. It was in this darkest hour the Man of Sorrows revealed justice. Even though it was the darkest hour for Jesus, we can't think for one moment God was displeased with Him. It was God's plan to bruise Him (Isaiah 53:10) and to lay the weight of the world's sin upon the shoulders of the Righteous One, the Sinless One, the Holy and Blameless One, the

Lamb of God's own choosing (Matthew 12:18). Jesus was never lovelier than when being obedient to His death, yet God, because of His holy nature, couldn't look upon His only Begotten, now laden down with sin. Remember, whole nations were destroyed because of sin (Genesis 19:24). Jesus bore the sins of the world past, present, and future. He stood in our place willingly, taking man's rejection and judgment to the very end of His life. The "why" (Mark 15:34) He cried was for us (Isaiah 42:1-7). The face of God turned away, and Christ, the man, felt the devastation of it. But His resolve and total submission was evident in His statement "It is finished" (John 19:30a). Perfect obedience exhibited to the end (Philippians 2:8). He humbly bowed His head in death (John 19:30b).

The first Adam felt the sting of separation by spiritual death because of sin. The second Adam understood and bore that separation in His own body, reconciling us back into the family of God. The Father personally taught our first earthly parents about the shedding of blood; they in turn taught their sons (Genesis 4:4). He, too, was the very first to shed blood because of sin and was the first to make a covering for man's nakedness (Genesis 3:21).

In order for Jesus to descend, there had to be that unthinkable separation from God. The Captain of our Salvation was made perfect through suffering. His spotless soul bore our grief and took our punishment, all for us, His beloved Bride. He had to suffer physically as well as spiritually. He had to feel forsaken by God, as this dear child of God is the consequence of sin.

With one loud thunder, a cry was heard for all generations to hear "It is finished" (John 19:30). He closed His eyes in death. He was given a respectable burial by tender, loving hands. The tomb chosen was the absolute best because He suffered beyond measure; He suffered enough.

The best the world could offer was the borrowed tomb of a rich man. The Son of Man had nowhere to lay His head, even in death.

He descended into the bowels of the earth for three days to loosen the chains of death and the grave (Ephesians 4:9). Light overcame Darkness through the power of His blood (I Corinthians 15:54). The Lamb of God was now carrying His own blood across the threshold of the Holy of Holies to cover the Mercy Seat, while rending the dividing curtain in two (Mark 15:38). This curtain represented His own flesh (Hebrews 10:20). He had a threefold purpose in mind: first to appease the wrath of God against sin, second to bring many to salvation (Romans 5:19), and last to make a way for all to enter into the Holy of Holies, no longer a wall of partition between Jews and Gentiles from His glorious presence (Ephesians 2:14). By the blood of this spotless Lamb, the old covenant with all its rituals and ordinances came to an end, and a new one took its place. His Bride's debt now paid in full by her Redeemer, her Husband and her Passover Lamb, who is seated at the right hand of God (Acts 7:56). His Beloved was brought out of darkness into His glorious light (I Peter 2:9).

*H*is Death

We need to carefully examine some of the most significant events surrounding the death of Jesus, especially the last sequential moments. The soldiers were commanded by their leader to ensure that the three men on the crosses were truly dead. When the soldiers arrived on the scene, they observed two of the prisoners on either side of Jesus were still alive. The soldiers agreed to break their legs in order to facilitate a quick and merciful death. This kind of physical trauma caused the body to enter a neurogenic shock state, brought on by severe pain drastically affecting the nervous system. Heart failure inevitably soon followed. It doesn't sound very merciful to us looking on, but these men could have hung there for hours if left to nature and the elements.

When the soldiers came to Jesus, they could see He was already dead and decided not to break His legs, fulfilling the prophesy, "Not one bone shall be broken" (Psalm 34:20). But, to be absolutely certain of death, one of the soldiers drew his sword and thrust it into the side of the Lamb of God, piercing the myocardial sack of His heart. We can be reasonably sure Jesus was dead at this point, as His blood had already begun to coagulate. The blood plasma had separated from the blood serum in His heart as we read, "And forthwith came there out blood and water" (John 19:34). The Greek translation declares it was like a shower. "This is he that came by water and blood, even Jesus Christ; not by water only, but by water and blood. And it is the Spirit that beareth witness, because the Spirit is truth" (I John 5:6). As the birth of a newborn baby comes by water and blood, so did He as the first born of many brethren (Romans 8:29). This caused the final last drop of His holy blood to pour out like a drink offering on a wooden altar that day. He gave up His spirit and just that quickly, the last of His life's blood poured forth. No other offering would do, and no other price was too great for His beloved Bride.

$\mathcal{T}$he Bride was Born

"But one of the soldiers with a spear pierced his side, and forthwith came there out blood and water" (John 19:34).

The Old Testament was a type of foreshadow of the new covenant (Colossians 2:17); we now have a new kingdom beginning with the coming of the second Adam, who is Christ Jesus (I Corinthians 15:45). The first Adam slept, signifying a type of death (Genesis 2:21), and through this death, Eve was awakened, her blood being produced from the marrow of Adam's own bone. Oh, how it pleased the Triune God to see Himself so perfectly reflected in these two from one human being. Just as the first Adam slept, the second Adam also did, yet in an even greater way, through actual death. God's own plan made perfect. When Jesus cried out, "It is finished" (John 19:30), His blood was shed for the salvation and redemption of mankind.

This is God's way. Just as the Redeemer came by water and blood, so has the Redeemed. The moment the sword penetrated the body of Christ, the hand of God also moved by the Spirit. With one thrust, He reached in just as He did with the first Adam, immediately birthing the Daughter of God, the Bride of Christ, His eternal partner, His help meet. The seed of God now deposited in her (I John 3:9), she became a living being. The first Adam, upon seeing his Eve, exclaimed, "… bone of my bones and flesh of my flesh…" (Genesis 2:23). The second Adam could now proclaim, after seeing His Bride, "Beloved of my Spirit and Blood of my Blood." We are His offspring (Acts 17:28). She didn't awaken immediately, though, because there still was business that needed to be tended to.

Jesus, our Redeemer, had to plunder Hell and loosen the chains of death and the grave (Revelation 1:18). He had to loosen the bands of wickedness and set the captives free (Isaiah 58:6). "And having spoiled principalities and powers, he made a show of them openly, triumphing over them in it" (Colossians 2:15). He preached to those spirits in prison the beautiful redemption story (I Peter 3:19). It was by His own blood that one chain after another fell. Although scripture doesn't name these chains one by one, I can see through the eyes of faith the first chain to be loosened was called racial bias. No longer would ethnicity hold this new Daughter back in its chains. Never was this Holy Bride to hold one race above another (Acts 10:45). Next with just one drop of His blood, the bands of socio-economic prejudices were shattered. Never would social status and money dictate her value in God. "Silver and gold have I none…"(Acts 3:6). Finally the chains of gender bias were completely crushed, now no longer an issue, "There is neither Jew nor Greek, there is neither bond or free, there is neither male nor female: for ye are all one in Christ Jesus" (Galatians 3:28). The demons shook and bowed as Light conquered Darkness. Taking possession of the keys to death and the grave, He led captivity captive (Ephesians 4:8). He has taken it out of the way, having nailed it to the cross.

Fifty days after Passover, coinciding with the customary Hebrew celebration (Leviticus 23:16), the heavenlies were filled with the long-anticipated *Day of Harvest*, the first fruits of believers. In the upper room gathered 120 followers of Christ, awaiting the promise of the "Comforter" (John 15:26). A great sound of a mighty rushing wind filled the room with awesome power (Acts 2:2).

God, now taking a life-giving breath, came forth from deep within His own bosom, imparted the life of His Holy Spirit into the nostrils of this young beauty (Acts 2:2-3). On each appeared a tongue of fire (Acts 2:3) as the Bride uttered her first words, crying out, "Abba" (Galatians 4:6), as the spirit gave her utterance (Acts 2:4).

Now reaching toward her full maturity, she stands dressed in a white robe, embodied in the righteousness of the saints (Revelation 19:8). He gazes upon her and sees a diamond brought through the fire of purification and beholds a reflection of Himself in every facet saying, "This is good!" (Genesis 1:31). Just as male and female make up the whole of mankind, they also are born into one Bride, now completely free to be all He created: the proof of sonship within (Romans 8:16).

$\mathscr{H}$is Burial

"And after this Joseph of Arimathaea, being a disciple of Jesus, but secretly for fear of the Jews, besought Pilate that he might take away the body of Jesus: and Pilate gave him leave. He came therefore, and took the body of Jesus. And there came also Nicodemus, which at the first came to Jesus by night, and brought a mixture of myrrh and aloes, about an hundred pound weight. Then took they the body of Jesus, and wound it in linen clothes with the spices, as the manner of the Jews to bury"(John 19:38-40).

Matthew speaks of Joseph of Arimathaea as being a rich man, but John adds that he was also a disciple of Jesus. He, being very wealthy, could afford the costly burial spices of myrrh and aloe used as preservatives in caring for their dead. He and another disciple named Nicodemus secretly took the body of Jesus and gently laid him in Joseph's new tomb. These men took fine linen and tore it into strips, soaked them in spices, and wrapped the body using great care. It was their custom to wrap each finger, each toe, arm, leg, and torso individually with many strips of linen (John 19:40). The entire body was wrapped, excluding

His face. This most delicate duty was to be done by the women a few days later. The Jewish people believed the spirit stayed or hovered around the individual for three days and would not embalm their faces until this time had expired. By that time, the wrappings would have solidified, making the body protected and perfectly preserved.

Now on the first day of the week, Mary Magdalene came to complete the process of body preparation, as custom dictated. When arriving at the tomb, she observed the stone covering the grave opening had been rolled away. Frantic, she immediately ran to Simon Peter and John, exclaiming, "They have taken away the Lord out of the sepulcher, and we know not where they have laid him" (John 20:2). When the two men arrived at the tomb entrance, John looked in. Scripture tells us he immediately believed (John 20:8). Peter, then going in, saw the head cloth neatly folded in a place all by itself. This brings two questions to mind: What did John believe? Why was the napkin that had been lying on the Lord's face, now off to the side, so puzzling to Peter? Human hands had meticulously taken special time to fold the face cloth and then lay it away from the other grave clothes. (Beloved, any story of one piece of cloth covering the whole body of Jesus is absolutely false; do not believe it!) Jesus' forewarnings that He would rise from the dead on the third day (John 2:19) came flooding back to them. John looked in and saw the most marvelous sight one could behold. The grave clothes lying on the stone slab were now perfectly formed to the Savior's body, but John observed only an empty shell!

The news of a risen Savior spread like wildfire. With such evidence before them, this news could not be denied. Thousands came to believe, as I can picture each of them peering in to see the napkin folded separately and a perfectly formed shell of a man just crucified days before.

We have to reflect on the religious leaders of that day as well. What could they have been thinking as they watched their world being turned upside-down? These men thought that death would be the means to an end of this Disruptor, but they quickly found it was only the beginning (Matthew 28:11-15). With many of their priests converting to Christianity (John 12:42), never again would there be business as usual. Although scripture doesn't reveal much about them, upon recovery from shock, they probably began working on a plan to silence this outbreak (Acts 4:18).

No effort on man's part can silence the voice of God, whether in a still small voice (I Kings 19:12), or one out of heaven (Matthew 3:17). His own sheep learn to know and love His voice and follow wherever it may lead them (John 10:27).

The Bridegroom Beckons

The Lord came to me in a vision one day. I had been given a rare opportunity to look into what I instinctively knew were the different chambers of my heart. He reached out and took my hand, without saying a word, as we entered the first chamber. This room was brightly lit, with plush comfortable furniture making it cozy and inviting. He broke His silence and said, "This is the front room of your heart." I was very pleased, as vanity and pride seemed to rise up from nowhere. Then He continued to lead me through another door. As I stepped over the threshold, I entered a dimly lit room that only received ambient lighting from a broken window in the corner. I could see the glass had been shattered and strewn across the floor. There was no furniture or decor of any kind. The air was chilled, damp, and musty, as an old empty farmhouse would be. This place puzzled me greatly, since I didn't even know it existed. He broke His silence once more to say, "You never let Me in here; may I come in?" I was utterly astounded! Before I could audibly say "yes", but just as fast as I thought it, He was standing in the middle of the room with a broom in His hand. Wow! I knew He had plenty of work to do, but to my surprise, He was absolutely delighted to do it and couldn't wait to get started!

Everyone has areas in their heart that need healing, cleansing, and renewal. For a period in our Christian walk, we can feel relatively comfortable as to how we have changed and developed. The people closest to us may even notice a difference in us, but as we grow, the Holy Bridegroom beckons, saying, "Separate yourself to an even greater degree." This beckoning is His gift to us. It takes God to know God, as the scripture teaches us that we love Him because He first loved us (I John 4:19). We begin to receive these holy yearnings by His own choosing. This is not because we are backslidden, but because He's calling for greater intimacy. This is the longing of a born-again believer awakened by the Holy Spirit. The scripture of Song of Solomon 1:2a says, "Let him kiss me with the kisses of his mouth." This kiss is an expression of a close, personal relationship, beyond and deeper than our initial love with Him. This was not like the kiss Judas gave Jesus on His cheek, as you would with close friends or family, (Matthew 26:49), but the intimacy of the mouth. In this passage of scripture she asked to "kiss the kisses," the kind of intimacy expressed by constant close fellowship. It is not a natural kissing of the mouth, but to kiss the words that proceed from His mouth. These are the kisses she longed for. We must desire to live by every word that proceeds from the mouth of God (Matthew 4:4).

All through scripture, our holy Bridegroom expresses His love for us. It teaches us that while we were yet sinners, Christ died for us (Romans 5:8). Right from the beginning, Jesus is seen as the Lamb of God, the One who takes away the sins of the world (John 1:29), crucified before the foundation of the world was ever laid (Revelation 13:8). This is most beautifully illustrated in the parable of the vine: "I am the vine, ye are the branches" (John 15:5). Jesus often used parables to teach us. This one in particular wonderfully depicts His nurturing care over our every moment. He has revealed to His own the hidden mysteries through this precious metaphor. We are beckoned to abide in Him, to become one with Him, just as He is one with His Father (John 17:21).

Looking at the example of the vineyard, we can learn and come to understand the heart of God in a much deeper and clearer way than ever before. The natural branches of this vine can become wild with unruly shoots, using up valuable nutrients yet unable to bear fruit. Although pruning is painful, it is necessary for the growth and overall health of the plant. Bearing fruit is the whole purpose of the vine and branch life. The shoots do not develop if they are starved, but flourish because of healthy growth of the previous year. If our ministry has been successful, it is easy for the flesh to get puffed up and rely on its own strength rather than God's. So our success sometimes causes wild shoots to grow, thus necessitating pruning. Year after year, the keeper of the vineyard watches over it, exquisitely demonstrating the care the Father has over us (John 15:1). "A vineyard of red wine; I, the Lord, do keep it, I will water it every moment; lest any hurt it, I will keep it night and day" (Isaiah 27:2). The Triune God is such a glorious unity perfectly at work. God the Father constantly watches over us, God the Son keeps our lives hidden in Him, and God the Holy Spirit is our nourishment.

Just as the grafted branch is connected to the vine, receiving its life and nourishment, so is the deepest love God gives and abundantly pours over His children. To make a graft, both the vine and the branch are wounded. Both are brought together by the master of the vineyard, wound to wound, to become one. We see one is an unnatural branch, wounded by sin and death, the other a broken body at Calvary. The very sap that flows in the heavenly vine now fills the daughter branch in perfect conformation, concealing where one begins and the other ends.

Scripture teaches us in John 15:4 to abide in Him, and He will abide in us. As our little grafted branch begins to send fibers into the stem of the vine, we partake in a marvelous but mysterious union. The branch can only bear fruit if it has a continuous unbroken relationship with the vine. Yet the vine cannot produce fruit without the branches. A holy dependency develops via the branch's willingness to abide and the vine's willingness to keep it. Abiding is the childlike faith of fixing our eyes on Jesus our heavenly vine, depending on Him for all. The only one way to abide is to spend time with Him, an act of the will! This vital relationship is fed and nurtured by the actual abiding through prayer, fasting, and reading of God's word.

A new life begins. This is a love relationship, as it says in Song of Solomon 1:2b: "Thy love is better than wine." This wine metaphorically refers to the world, and nothing it has to offer can compare to this love. This holy union is by the working of the Holy Spirit and nothing can substitute it. The branch will wither and be fit for the burn pile without the vine. Likewise, to our utter amazement, without the branches, the vine cannot produce the fruit the Keeper of the Vine is longing to give to those of His choosing.

The story of the fig tree in Mark 11:13-14 has another powerful message for us to glean regarding the bearing of fruit. Jesus was on His way from Bethany when He saw a fig tree, alongside the road, full of leaves. Scripture clearly also tells us two things about this particular passage. First, it wasn't too early for the harvest of figs, and second, Jesus was hungry. The tree being in full bloom was a significant factor, since figs were produced right alongside the development of its leaves. It was perfectly natural for Jesus to expect an abundance of figs since all the conditions for them were there. Planted in rich soil and ahead of the season, its foliage beckoned the weary to itself. Although beautiful in appearance, this tree had failed in its purpose, a type of hypocrisy by the promise of one thing, but giving another. Closeness to the road indicates a purpose of nourishment for weary travelers. Jesus' anger was for lack of fruit, *not* because of hunger. This tree stood tall and beautiful in all its appearance, but just like many of the religious leaders at that time, pious, without power, and blinded by self-beauty, no good to anyone.

I had a vision of a cluster of very large, deep rich purple grapes, yet one missing from the center. I could see that this one grape had been picked, but didn't understand the vision until the following week. My next few days were very busy. I led two people to Christ, gave a timely and much-needed prophesy over several hurting people, and gently reprimanded a few heading down the wrong path. Added to this was an unusual weight of pressure with regard to my business and family. I suddenly remembered the vision as I felt the Holy Spirit softly whisper, "All on only one grape." Wow! In my immaturity and eagerness, I shouted, "Lord, use me more!" The Holy Spirit revealed it to be a growing and building process. He wants us to be able to hold up under the crush of the winepress. You see, for every grape He uses, it must be crushed to nourish all those who drink from its fountain. A few days later, I again heard the still small voice of the Holy Spirit. This kind of hearing was more of a "knowing." I realized He was distinctly asking my permission to be used for His redistribution of the fruit to others of His choosing. Did I have a "yes" in my heart? Would I risk it all to serve Him in any way He asked? Although I sensed the rough road that lay ahead, I said, "Yes." It is the choosing of the Vine Keeper as to whose fruit He uses and its distribution. Ours is to abide and say, "Yes."

Do you have a "yes" in your heart? It is a yes to prayer and fasting, to bridling your tongue, and to guarding your eyes and ears. When Jesus was in the Garden of Gethsemane, God revealed to Him all He would face. One by one, they were presented to Him. There would be no last-minute surprises. He went into the crucifixion with His eyes wide open. He offered His hands a living sacrifice and surrendered them to the nails, so our hands may share in the anointing by the blood that flowed from them. He was the first to be crushed and the first to show the way. We have been sanctified, justified, and commissioned through the very life given for us on the cross. He said yes to it all, and because He did, we also can. You see, it was Mercy that nailed Him to the cross, making Him broken bread and poured-out wine. It was Mercy who watches over our every moment, and it is Mercy who forever keeps us.

The Water of Life

"And the Spirit and the Bride say, 'Come,' and let him who hears say, 'Come,' and let him that is athirst come. And whosoever will, let him take of the water of life freely" (Revelation 22:17). The Spirit and the Bride work in perfect unity. The Bridegroom King loves the sound of His Beloved's voice. It is time we take our privileged position and stand as His warriors in worship (Matthew 11:12), intercession, and especially as His beloved Bride. This bridal relationship means we have intimate knowledge with the loving heart of God. This Bridal Paradigm is not a gender issue. It is where pure male power and absolute female gentleness embrace and become the Bride. King David's desire was to "behold the beauty of the Lord" (Psalms 27:4). He was a man after God's own heart (Acts 13:22). He learned to see God with the eyes of his heart, regardless of what was raging around him.

For a long time, I could not focus my heart in worship. My thoughts wandered constantly on everything but Jesus. One day, out of sheer frustration with myself, I laid my head down on the kitchen table, using the back of my hands as a type of pillow, and cried out, "Why am I so weak? How long will you be patient with me?" Through my tears I felt a quiet little reminder: Though I was weak, yet He saw me lovely (Song of Solomon 1:5). In that moment, as my forehead pressed gently against my fingers, and as I recognized the darkness of my own soul, revelation came flooding in so clearly. I not only saw the feet of Jesus in a vision, but through the pressure of my forehead against my fingers, it was like resting on the feet as well. I immediately became intimately connected to my Savior. I could envision the nail prints on His feet, and began to thank Him for all He had done for me. The tears of sorrow became tears of joy. The anointed visitation of that morning still continues every time I meet Him in faith: intimate worship with a true and living God. This is the Bridal relationship we must long for.

Every religion claims to hold the only truth, the only way, but their gods do not have eyes to see or ears to hear. They are distant and cold, without mercy, without heart, and unable to sympathize with our weaknesses, because they have no life in them. When *we* worship, we get in touch with the inner source of *our* living, indwelling God (Acts 2:4), who has taken up residency inside us. We become the temple of the Holy Spirit (II Corinthians 6:16); what an awesome privilege!

I had a vision of a large glass pitcher. It was bubbling over with crystal clear water and a seemingly endless stream, gushing with great force. As the pitcher poured, it filled three glasses, which in turn gushed just like the pitcher. I noticed a hole in the base of the pitcher about the size of a quarter. This was where the flood of water was coming from. Not from the top, as with a normal filling, but from beneath, the bottom of the pitcher. It was a wonderful picture of a life connected with the true Source. Scripture says, "Out of our bellies will flow rivers of Living Water" (John 7:38). It affects all those around us. The pitcher was not only filled, but became demonstrative of God's overflowing power to point the way and fill others as well.

In ancient Israel, the Jewish High Priest would perform sacrifices in the temple where there was an outer court and an inner chamber, separated by a veil. This inner chamber was called the Holy of Holies, a place where the Spirit of God dwelled here on earth. The area beyond the veil was forbidden to all except the High Priest who yearly placed the sacrificial blood upon the Mercy Seat for himself and all the people (Leviticus 16:15). The veil of this inner chamber tore in half from top to bottom the minute Jesus died on the cross (Mark 15:38). This represented the crucified flesh of Christ being torn in two for us, making a way to go directly into the Holy of Holies (Hebrews 10:20). Rather than sacrificing year after year, as was the Jewish tradition, our High Priest, Jesus Christ (Hebrews 5:10), not only shed His holy blood, but poured it over the altar of the Mercy Seat Himself. This sacrifice was perfect (Hebrews 10:12) and never needed to be repeated, since His blood perpetually flows (Hebrews 10:10). Past the outer court of our hearts, deep within the inner chamber, is where the Holy Spirit resides in a believer: "Know ye not that your body is the temple of the Holy Ghost which is in you...?" (I Corinthians 6:19). His holy and perfect blood is sprinkled on the altar of our hearts and carried around in earthen vessels. It is the only blood that satisfies the heart of God for the forgiveness of sins. Sin is not just covered, but completely wiped away (I John 1:7). Beyond this veil is what scripture records as the very presence of God. How do we connect with this True Source? What is the secret to having our lives gush with the river of living water? There is only one path, Beloved, and that is through prayer, fasting, and the word of God. I don't mean the kind of prayer where you're only asking God for things, but where your whole heart is engaged in supplication, worship, and fasting: the life of a true worshipper.

The Oil of Intimacy

Jesus told a parable likening the kingdom of heaven to ten virgins going out to meet the bridegroom (Matthew 25:1). He used this analogy as revelation depicting Himself, the Bridegroom King, and the Church, His Bride. Upon studying this story, it is an awakening reality to know that in the end days, only half were truly ready when the bridegroom came to receive them unto Himself. It is noteworthy to see all the virgins in this story were asleep. They all had to be awakened at the hour of the bridegroom's arrival. This isn't a type of spiritual sleep, as half were ready in a moment's notice to get up and go when beckoned. This truly represents their everyday living; we see that all were about their daily lives. It also represents this side of heaven; His Bride in her earthen vessel. The lamps are each individual's personal ministry. The oil is the intimacy of a secret life of prayer.

Above all ministries, jobs, or business opportunities, our priority must be to pursue the oil of intimacy; no one can give this to us (Matthew 25:7-9). It can only be acquired by spending time in loving fellowship with God. We are sons of God by Christ Jesus and the Bride of Christ through redemption, awaiting our Bridegroom King. Do not confuse a growing church or ministry for the anointing of the Holy Spirit. Our ministries can be booming with growth and still be without the oil of intimacy. The five foolish virgins missed the opportunity to be used by the manifest presence of the Holy Spirit because they did not cultivate the oil of intimacy with a living God. They were busy doing the things of their own ministries, yet without taking time to personally connect with God. We know they each had the born-again experience because they all had lamps (salvation) and were referred to as virgins (sons of God), but they lacked the oil of intimacy, dried up, and without their first love. Without having the oil, it is impossible to have the anointing of a bridal walk. By the time these five foolish ones came to realize the bridegroom was on his way, there simply wasn't enough time to fill their lamps. This kind of intimacy must grow individually over a period of time. The end time wave of revival is coming, and if we want to be active, anointed servants of God, we must take the time now to fill our lamps.

We are told to watch and pray (Mark 14:38) without ceasing (I Thessalonians 5:17). Our instructions are to pray for laborers in the harvest, the peace of Jerusalem, and many other areas of our lives. We are to speak to ourselves in psalms and spiritual songs and be intimately connected to our Savior in prayer, supplication, and especially worship. We are to follow Jesus, who is making intercession for us daily before the throne of grace. If we connect with Him on this level of intercessory prayer, we can change our world around us, literally wresting some out of the fire (Jude 23).

Many around us do not realize the late hour we are in. Our Bridegroom King will be coming soon, searching out those whose lamps are full and ready to hear the midnight cry to go and meet Him (Matthew 25:13). If we are not spending time cultivating an intimate prayer life, then we better hasten with it before time runs out. Our main goal, even above our ministry, is to actively pursue the oil of intimacy; without it, there is no anointing. The Spirit and the Bride find unity in this place of intimacy (Revelation 22:17). If we desire involvement in the next wave of revival as useful workers in the harvest, we must be counted among the wise.

As we draw nearer to the Lord, our hearts are tenderized. We become lovesick for Him (Song of Solomon 2:5). The Bridegroom Himself reveals His ravished heart over us, even with the weakest and smallest of glances His way (Song of Solomon 4:9-10). As a bridegroom rejoices over his bride, our God rejoices over us (Isaiah 62:4-7). God calls us to this higher bridal identity as the Holy Spirit raises up Forerunners to prepare His church for her greatest hour. "Behold I come quickly and my reward is with me" (Revelation 22:12).

The following page demonstrates "Our Spiritual Journey" and the kind of activities that make up a believer's life of devotion. To be filled with the oil of intimacy, we must be active in the pursuit of God.

$\mathcal{O}$ur Spiritual Journey

A. First Commandment, First Place

B. Love Thy Neighbor as Thyself

C. Intercession

D. Worship/Praise Family-Friends-Country-Israel-Those in Authority

E. Study/Meditate

F. Thanksgiving on God's Word

G. Tithe

H. Fellowship

I. Positive Thought Life

J. Fasting Often

K. Good Works

L. Missions

M. Ministry

N. Testify

Our Spiritual Journey Scripture Reference

A. Mark 12:30—And thou shalt love the Lord thy God with all thy heart, and with all thy soul, and with all thy mind, and with all thy strength: this is the first commandment.

B. Mark 12:31—And second is like, namely this, Thou shalt love thy neighbor as thyself. There is none other command greater than these.

C. Mark 14:37—And He cometh, and findeth them sleeping, and saith unto Peter, "Simon, sleepest thou? Couldest not thou watch one hour?", and Philippians 4:6—In everything by prayer and supplication with thanksgiving let your requests be made known unto God.

D. Hebrews 13:15—By Him therefore let us offer the sacrifice of praise to God continually, that is, the fruit of our lips giving thanks to His name.

E. 2 Timothy 2:15—Study to show thyself approved unto God, a workman that needeth not to be ashamed, rightly dividing the word of truth.

F. Psalms 136:1—O give thanks unto the Lord; for He is good: for His mercy endureth forever.

G. Malachi 3:10—Bring ye all the tithes into the storehouse, that there may be meat in mine house, and prove me now herewith, saith the Lord of hosts, if I will not open you the windows of heaven, and pour you out a blessing, that there shall not be room enough to receive it.

H. Hebrews 10:25—Not forsaking the assembling of yourselves together, as the manner of some is; but exhorting one another: so much the more, as ye see the day approaching.

I. Philippians 4:8—Finally, brethren, whatsoever things are true, whatsoever things are honest, whatsoever things are just, whatsoever things are pure, whatsoever things are lovely, whatsoever things are of good report; if there be any virtue, and if there be any praise, think on these things.

J. Luke 5:35—But the days will come when the Bridegroom shall be taken away from them, and then shall they fast in those days.

K. James 2:18—Yea, a man may say, thou hast faith, and I have works: show me thy faith without thy works, and I will show thee my faith by my works.

L. Mark 16:15 - And he said unto then, go ye into all the world, and preach the gospel to every creature.

M. Ephesians 4:11-12—And he gave some apostles, and some, prophets; and some, evangelists; and some, pastors and teachers; for the perfecting of the saints, for the work of the ministry, for the edifying of the body of Christ.

N. Psalms 105:1—O give thanks unto the Lord; call upon his name; make known his deeds among the people.

The Bridal Relationship and His End Time Church

God used the intimacy between husband and wife within the marriage union to represent the relationship between Christ and His Church. Although but a shadow, there is nowhere a more fitting description of this blessed mystery. The institution of marriage, the demonstration of two becoming one flesh, has this great and glorious mystery hidden within it. An everlasting covenant, the Church espoused to the one true Husband, Jesus Christ. To love, honor, trust, and obey; oddly, death only brings them closer. She sets herself apart, reserved as a chaste virgin, following her Bridegroom King wherever He leads. He is her tree planted by the rivers of water that shall never be moved. Leaving all others, she takes absolute delight in the fruit of His tree, eating until satisfied, safe and protected under His shadow. Using the analogy of the fleshly marriage can, in part, help us to understand the partnership of this heavenly union.

In order to understand the consummation process between the Church and the Bridegroom, we must first differentiate between the natural and the spiritual body (I Corinthians 15:44). There are two kinds of bodies: celestial and terrestrial (I Corinthians 15:40). The celestial is heavenly, and the terrestrial, earthly. Although coexisting, it is important we do not confuse them in our thinking. "The first Adam was made a living soul: the last Adam was made a quickening spirit" (I Corinthians 15:45). Human beings are made up of flesh and blood that is of earthly material. When a person dies, the body returns to the dust from where it came. What we want to stress is the spirit being is made up of material of a heavenly substance. This substance is not the flesh and blood as we know it, but that of the living God. When we receive Him into our hearts, we are actually receiving a living Being of energy, *His* energy, light, nature, and actual Spirit being. Our soul, once dead because of sin, is now alive, born again into this heavenly life. Our body now becomes the recipient of the Living God and has the capacity to manifest that rebirth.

Since we know there are no sexual differences in the spirit (Galatians 3:28), we need clear understanding of the marital relationship between children of God and Christ. It begins with mutual joy freely flowing between Christ and His beloved Bride. We are the elect of God, chosen by the One infinitely greater than man or angels: "I have chosen thee, and not cast thee away" (Isaiah 41:9). He was, from the beginning, above all men and angels, yet He chose us for His companion. As a bridegroom chooses a bride, He chose us to be spirit of His Spirit, and blood of His blood above all others (Hebrews 2:16). "My dove, my undefiled is but one; she is the only one of her mother, she is the choice one of her that bare her" (Song of Solomon 6:9). "For the Lord hath chosen Zion; he hath desired it for his habitation" (Psalm 132:13)

The stunning reality is that He desired us! It didn't just start with an attraction like most love relationships. His love for us was, and is, and is to come, a burning desire, a forever flame. We are His Beloved from eternity past, present, and future. Our love toward Him is weak in the beginning, but as we come to Him, our weak love begins to mature. The consummation with Christ and His Bride begins here with hearts in full agreement with His. This agreement is ushered in by our extravagant worship as the Bride becomes lovesick over her Betrothed. He declares, "Thou art beautiful, O my love…" (Song of Solomon 6:4). History teaches that at one time the city of Tirzah was the most beautiful of all Gentile nations. This is a comparison of the beauty of believers in a perverse world. As the entire body of Christ begins to engage in this extravagant worship, the fragrance of Christ emanates. The Holy Spirit is bringing together this intimate partnership that proliferates, as we the Bride realize our place in the heart of this Bridegroom King. We are transformed as we become a blazing flame, reflecting His eyes of fire (Revelation 19:12). He has chosen His beloved Church above all others. Just as He has chosen her, above all else, she has also chosen Him. Rejecting all other suitors for His sake, having the one and only desire to please Him, the sought-after pearl of great price (Matthew 13:46). In ancient Israel, the first fruits of the harvest always belonged to God. We are His inheritance, the first fruit to God and the Lamb (Revelation 14:4). Of His will, He begat us to be first fruits of His peculiar ones (James 1:18).

As we gaze into His eyes of fire, He reflects back into ours the most tender and ardent love. Oh, that we might know in our inner man the width and length and depth and height the love of Christ which passes all knowledge (Ephesians 3:18-19). His love for us valiantly proved stronger than death. He bids us to come eat at His table. "Eat, Oh friends, drink, Yea drink abundantly, Oh beloved" (Song of Solomon 5:1b), in unending fellowship. Mutual rejoicing, mutual communion, is a joint participation for the heart of the good for each other. It is not a one-sided dining, as He is with us also. The Bride says, "Let my Beloved come into his garden and eat his pleasant fruit" (Song of

Solomon 4:16). His answer to her is, "I am come into my garden, my sister, my spouse; I have gathered my myrrh with my spice, I have eaten my honeycomb with my honey, I have drunk my wine with my milk" (Song of Solomon 5:1a).

We are betrothed to Him through our conversion. The time is coming when we will enter His house; "with gladness and rejoicing shall they be brought; they shall enter into the king's palace" (Psalm 45:15). We shall join Him at His banquet table (Song of Solomon 2:4), eternally enjoying His embraces.

This is the intimacy of the Bridal Paradigm and the reflection of the end time Church. The believers clothe themselves in this reality, which ultimately gives them the power to win the lost for the kingdom.

The Divine Union

The Bride of Christ has adorned herself in the wedding garment (Revelation 19:7-8) and made ready for the blessed union with her Beloved Bridegroom King. In Song of Solomon 1:4, we hear the Bride say, "The king hath brought me into his chambers." She realized all was freely given to her (Romans 5:5). All His personal possessions, His wealth, His peace, and His joy were lavishly poured out upon her. "Blessed are they which are called to the marriage supper of the Lamb" (Revelation 19:9). To this end, the Savior poured out His soul whose primary mission was rescue of His Beloved from the grips of death. This long-awaited day will neither happen because of a great army nor be accomplished with corruptible things such as silver or gold. This can be done exclusively by the blood of our Warrior Lamb.

This union came at an enormous cost to the Bride. She had suffered greatly by the hands of ruthless, godless, and perverse generations. She was tortured, thrown into prison, beaten, abandoned, persecuted, and beheaded (Revelation 20:4), yet never forgotten. Her beauty, grace, and strength flourished (Romans 8:28) in the depths of the furnace of affliction. All throughout this earthly wilderness, she continually leaned upon her Beloved (Song of Solomon 8:5). Although she was a stranger and a pilgrim in search of that promised city (I Peter 2:11), His constant wooing caused her lovesick heart (Song of Solomon 2:5) to press on. He set Himself as a seal upon her heart (Song of Solomon 8:6), branding her every thought and action with the perfect image of Himself.

In the beginning, God spoke all heaven into existence, but *not* mankind. He carefully crafted and formed *us* with His own hands, fully investing Himself. In the male was instilled His power and strength, and in the female, His beauty and tenderness. Since the first Adam and his beloved bride were earthly, their consummation was set within the boundaries established by God Himself (Genesis 1). As in the earthly union, God in His infinite wisdom passionately imparted His own attributes to create a beautiful Bride for the second Adam, His beloved Son. This bridal identity is not about gender. Just as women are the Sons of God, men are the Bride of Christ. As Sons of God we are able to experience His throne, as the Bride, the intimacy of His heart. This *One Bride* is in the full power and strength of man, and the full beauty and tenderness of woman, both critical to stand complete in Christ and in maturity, as one body (Philippians 3:21). Perfectly conformed to His Son, the Bride has been prepared for the heavenly marriage. Unlike an earthly marriage, the heavenly marriage is that of the spirit, one with Christ, one mind, one desire, and most importantly, one heart.

We will have resurrected bodies, that had been sown in corruption, but raised incorruptible (I Corinthians 15:53), a real body that can eat and drink, but not suffer. When Jesus spoke with the apostles after the resurrection, they did not recognize Him (John 21:4), until He showed His nail-scarred palms. The Bride is washed in the blood of the Lamb, dressed in pure white, radiant in righteousness, and never again to see decay. All heaven awaits this glorious day.

This eternal union will now reign with one emotion, intellect, and will, while dwelling in a new heaven and earth (Revelation 21:1-2). The old will pass away by fire (II Peter 3:12-13), ushering in the end of time and the beginning of eternity.

God's desire is to be with us. The New Jerusalem is the place where God dwells with His own, Jew and Gentile alike, face to face with the one true and living God, ruling and reigning with Him. He will have made us kings and priests to rule and reign with Him forever (Revelation 1:6).

ℛecommended Reading/Study

In doing my daily devotions one morning, I read I Corinthians 14:34-35: "Let your women keep silence in the churches; for it is not permitted unto them to speak; but they are commanded to be under obedience, as also saith the law. And if they will learn anything, let them ask their husbands at home; for it is a shame for women to speak in the church." On this particular day, this scripture hit me like a brick. I felt such heartache as I slumped over my Bible and wept on the pages. I began to cry out to God, saying, "Why did You put such an awful thing in this beautiful book? I'm sorry, my Savior, but it is so harsh, unloving, and cruel! This doesn't sound like You at all!"

I was nearly inconsolable until I heard the sweet voice of the Holy Spirit whisper softly the word "law." Why did this one word give such great comfort and sound so wonderful? Because I knew we had been freed from the law through the cross of Christ (Galations 3:23-26) and were not under the law, but grace (Romans 6:15). Since this was the only answer I received that morning, I realized I needed to trust Him for continued revelation and wait on the Holy Spirit.

Oh, how awesome He is! I only had to wait one day! I read a wonderful book written by Loren Cunningham and David Joel Hamilton, called *Why Not Women?* What a heavenly meal! The hidden things of God were revealed to my hurting, hungry soul. The reality of these and other difficult scriptures regarding women came to light as the eyes of my understanding had been gloriously enlightened (Ephesians 1:18). For the first time, I could see the error of interpretation millions of God's children have made throughout the years (and are still making). This time, I slumped over my Bible and wept on the pages with a heart full of gratitude. I recommend this book to anyone who wants to see hidden truths in the scriptures that only God can reveal (Revelation 2:17), if our hearts have not been hardened by traditions, especially where women are concerned.

The second recommendation is the study of the *Song of Songs* written by Mike Bickle. This will reveal a Bridegroom King who is ravished by one glance from His Bride. With each session, the life in the scriptures began to breathe the love of God over me. I not only knew He loved me, but felt it, and understood to a fuller degree. I urge anyone, male or female, who wants to understand the heart of a loving Redeemer, and have greater intimacy and deeper devotion, to make this study part of your growth and development. You will never be the same.

Finally, I recommend every book written by the author Andrew Murray. He writes to draw you to Christ and teaches you to abide there. He also has the uncanny ability to reach anyone, from the beginner to the most seasoned saint. My favorite is *Abide in Christ*. I have underlined and highlighted all through his books, and then I have gone back and re-read them again. They are rich with wisdom, yet simple and astonishingly profound.

God bless you as you grow in the knowledge of Him.

$\mathcal{I}$ Give You My Heart

Scripture clearly teaches us that all our righteousness is as filthy rags (Isaiah 64:6). If we want to receive salvation, we can never do it on our own merit. We cannot be carried in through natural birth; therefore, parental convictions do not cover us. We must recognize our *own* need for a Savior and know there is only one way (John 14:6) to attain the kingdom of heaven. Any other way is the same as being a thief and a robber (John 10:1); Beloved, it will not work.

We need to ask Him to forgive us for our sins, for He alone is faithful, and just to forgive us and wash us clean from all unrighteousness (I John 1:9). Through this simple prayer, we are promised if we would give Jesus our hearts, He would come in and dine with us (Revelation 3:20). Open your heart now and talk to Him as you would a trusted friend.

"Lord Jesus, you stand at the door of my heart and knock. I ask you to forgive me for my sins. I invite you to come and live inside my heart. By faith I receive the free gift of eternal life that can only come through you. By faith I am now born again into the family of God. Thank you for filling me with your Holy Spirit as I stand a new creation in Christ. Amen."

Go and tell someone of this life-changing step you've taken! E-mail me if you like at aj.ministries@yahoo.com.

The Lord bless thee, and keep thee; The Lord make his face shine upon thee, and be gracious unto thee; The Lord lift up his countenance upon thee, and give thee peace (Numbers 6:24-26).

Journal

Date: _____

Date: _____

Date: _____

Date: _____

Date: _____

_____

_____

_____

_____

_____

_____

_____

_____

_____

_____

_____

_____

_____

_____

Date: _____

Date: _____

Date: _____

Date: _____

Date: _____

Date: _____

Date: _____

Date: _____

Date: _____

Date: _____

Date: _____

_____

_____

_____

_____

_____

_____

_____

_____

_____

_____

_____

_____

_____

_____

_____

_____

Date: _____

Date: _____

Date: _____

Date: _____

Date: _____

_____

_____

_____

_____

_____

_____

_____

_____

_____

_____

_____

_____

_____

_____

_____

_____

_____

Date: _____

Date: _____

LaVergne, TN USA
17 September 2009
158151LV00001B/4/P